메시지 | 로마서

KB218624

THE MESSAGE: Romans

Eugene H. Peterson

로마서

유진 피터슨

복 있는 사람

메시지 | 로마서

2019년 3월 29일 초판 1쇄 발행
2025년 3월 24일 초판 16쇄 발행

지은이 유진 피터슨
옮긴이 김순현 윤종석 이종태
감수자 김영봉
펴낸이 박종현

(주) 복 있는 사람
주소 서울특별시 마포구 연남동 246-21(성미산로23길 26-6)
전화 02-723-7183(편집), 7734(영업·마케팅) 팩스 02-723-7184
이메일 hismessage@naver.com
등록 1998년 1월 19일 제1-2280호

ISBN 978-89-6360-284-4 03230

이 도서의 국립중앙도서관 출판예정도서목록(CIP)은 서지정보유통지원시스템 홈페이지(http://
seoji.nl.go.kr)와 국가자료공동목록시스템(http://www.nl.go.kr/kolisnet)에서 이용하실 수 있습니
다. (CIP 제어번호: 2019008645)

차례

일러두기

- 유진 피터슨의 『메시지』 영어 원문을 번역하면서, 한국 교회의 실정과 환경을 고려하여 『메시지』 한글 번역본의 극히 일부분을 의역하거나 문장과 용어를 바꾸었다.

『메시지』를 읽는 독자에게

『메시지』에 독특한 점이 있다면, 현직 목사가 그 본문을 다 듬었기 때문일 것이다. 나는 성경의 메시지를 내가 섬기는 사람들의 삶 속에 들여놓는 것을 내게 주어진 일차적 책임으로 받아들이고 성인 인생의 대부분을 살아왔다. 강단과 교단, 가정 성경공부와 산상수련회에서 그 일을 했고, 병원과 양로원에서 대화하면서, 주방에서 커피를 마시고 바닷가를 거닐면서 그 일을 했다. 『메시지』는 40년간의 목회 사역이라는 토양에서 자라난 열매다.

인간의 삶을 만들고 변화시키는 하나님의 말씀은, 내가 『메시지』 작업을 하는 동안 정말로 사람들의 삶을 만들고 변화시켰다. 우리 교회와 공동체라는 토양에 심겨진 말씀의 씨앗은, 싹을 틔우고 자라서 열매를 맺었다. 현재의 『메시지』를 작업할 무렵에는, 내가 수확기의 과수원을 누비며 무성한 가지에서 잘 영근 사과며 복숭아며 자두를 따고 있다는 기분이 들곤 했다. 놀랍게도 성경에는, 내가 목회하는 성도며 죄인인 사람들이 살아 낼 수 없는 말씀, 이 나라와 문화 속에서 진리로 확증되지 않는 말씀이 단 한 페이지도 없었다.

내가 처음부터 목사였던 것은 아니다. 원래 나는 교사의 길에 들어서서, 몇 년간 신학교에서 성경 원어인 히브리어와 그리스어를 가르쳤다. 남은 평생을 교수와 학자로 가르치고 집필하고 연구하며 살겠거니 생각했었다. 그러다 갑자기 직업을 바꾸어 교회 목회를 맡게 되었다.

뛰어들고 보니, 교회는 전혀 다른 세계였다. 제일 먼저 눈에 띈 차이는, 아무도 성경에 별로 관심이 없어 보인다는 점이었다. 얼마 전까지만 해도, 사람들은 내게 돈을 내면서까지 성경을 가르쳐 달라고 했는데 말이다. 내가 새로 섬기게 된 사람들 중 다수는, 사실 성경에 대해 아무것도 몰랐다. 성경을 읽은 적도 없었고, 배우려는 마음조차 없었다. 성경을 몇 년씩 읽어 온 사람들도 많았지만, 그들에게 성경은 너무 익숙해서 무미건조하고 진부한 말로 전락해 있었다. 그들은 지루함을 느낀 나머지 성경을 제쳐 둔 상태였다. 그 양쪽 사이에 있는 사람은 많지 않았다. 내가 가장 중요하게 여긴 일은, 성경 말씀을 그 사람들의 머리와 가슴 속에 들여놓아서, 성경의 메시지가 그들의 삶이 되게 하는 것이었다. 그러나 거기에 관심을 갖는 사람은 거의 없었다. 신문과 잡지, 영화와 소설이 그들 입맛에 더 맞았다.

결국 나는, 바로 그 사람들에게 성경의 메시지를 듣게—정말로 듣게—해주는 일을 내 평생의 본분으로 삼게 되었다. 그것이야말로 확실히 나를 위해 예비된 일이었다.

나는 성경의 세계와 오늘의 세계라는 두 언어 세계에 살

고 있었다. 나는 언제나 그 두 세계가 같은 세계인 줄 알았
다. 그러나 사람들은 그렇게 보지 않았다. 나는 어쩔 수 없
이 "번역가"(당시에는 그런 표현을 쓰지 않았지만)가 되었다.
날마다 그 두 세계의 접경에 서서, 하나님이 우리를 창조하
시고 구원하시고 치유하시고 복 주시고 심판하시고 다스리
실 때 쓰시는 성경의 언어를, 우리가 잡담하고 이야기하고
길을 알려 주고 사업하고 노래 부르고 자녀에게 말할 때 쓰
는 오늘의 언어로 옮긴 것이다.

그렇게 하는 동안, 성경의 원어―강력하고 생생한 히브
리어와 그리스어―는 끊임없이 내 설교의 물밑에서 작용했
다. 성경의 원어는 단어와 문장을 힘 있고 예리하게 해주고,
내가 섬기는 사람들의 상상력을 넓혀 주었다. 그래서 오늘
의 언어 속에서 성경의 언어를 듣고, 성경의 언어 속에서 오
늘의 언어를 들을 수 있게 해주었다.

나는 30년간 한 교회에서 그 일을 했다. 그러던 어느 날
(1990년 4월 30일이었다), 한 편집자가 내게 편지를 보내 왔
다. 그동안 내가 목사로서 해온 일의 연장선에서 새로운 성
경 번역본을 집필해 달라는 청탁의 편지였다. 나는 수락했
다. 그 후 10년은 수확기였다. 그 열매가 바로 『메시지』다.

『메시지』는 읽는 성경이다. 기존의 탁월한 주석성경을 대
체하기 위한 것이 아니다. 내 취지는 간단하다. (일찍이 우
리 교회와 공동체에서도 그랬듯이) 성경이 충분히 읽을 수 있
는 책이라는 사실을 모르는 사람들에게 성경을 읽게 해주

고, 성경에 관심을 잃은 지 오래된 사람들에게 성경을 다시 읽게 해주는 것이다. 그렇다고 굳이 내용을 쉽게 하지는 않았다. 성경에는 이해하기 어려운 부분도 많이 있다. 그래서 『메시지』를 읽다 보면, 더 깊은 연구에 도움이 될 주석성경을 구하는 일이 조만간 중요하게 여겨질 것이다. 그때까지는, 일상을 살기 위해 읽으라. 읽으면서 이렇게 기도하라. "하나님, 말씀하신 대로 내게 이루어지기를 원합니다."

유진 피터슨

로마서 | 머리말

바울이 이 편지를 쓰기 약 30여 년 전, 역사를 "그 전"과 "그 후"로 나눠지게 하고 세상을 바꿔 놓은 한 사건이 일어났다. 예수의 삶과 죽음과 부활이 바로 그것인데, 이는 광대한 로마 제국의 한 외딴 귀퉁이, 팔레스타인의 유다 지방에서 일어난 사건이었다. 사람들에게 거의 주목받지 못했던 일, 부산하게 돌아가던 권력의 도시 로마에서는 분명 아무도 거들떠보지 않았을 그런 사건이었다.

이 편지가 로마에 도착했을 때도 극소수의 사람들만이 읽었을 뿐, 힘 있는 사람들은 아무도 읽지 않았다. 로마에는 읽을거리가 많았다. 황제의 칙령, 세련된 시, 정교한 도덕철학 등이 넘쳐났고, 게다가 그 대부분이 수준급이었다. 그러나 얼마 지나지 않아 그런 글들은 결국 다 흙먼지를 뒤집어쓰는 신세가 되고 말았다. 하지만 이 편지는 그렇지 않았다. 로마 사람들에게 보낸 바울의 편지는 그 로마 작가들이 쓴 책들 전부를 다 합쳐 놓은 것보다도 훨씬 더 광범위한 영향을 끼쳤다.

로마에 아무 연고도 없던 한 무명의 로마 시민이 쓴 이 편

지가, 그렇게 빠른 시간 내에 최고 영향력의 자리에 올라서
게 된 것은 분명 비범한 일이었다. 그러나 우리 스스로 이
편지를 읽어 볼 때 곧 깨닫는 바가 있다. 참으로 범상치 않
은 것은 바로 이 편지 자체라는 점이다. 곧 이 편지는, 쓴 이
나 읽은 이들이 무명의 사람들이었다고 해서 결코 오랫동안
무명으로 남아 있을 그런 편지가 아니라는 사실 말이다.

로마 사람들에게 보내는 이 편지는 왕성하고 열정적인 사
고가 낳은 작품이다. 하나님을 섬기는 일에 징집된 지성의
영광스런 삶이 여기 나타나 있다. 바울은 나사렛 예수의 삶
과 죽음과 부활이라는, 탁월한 증언과 경건한 믿음의 대상
이 되고 있는 그 사실을 두고서, 그것이 뜻하는 바가 무엇인
지에 대해 숙고한다. 예수의 죽음과 부활 안에서 세계 역사
의 방향이 달라진 것, 또 그것이 지상의 모든 남자, 여자, 어
린이들의 삶에 영원한 영향을 끼치게 된 것은 대체 어째서
인가? 바울은 다음과 같이 대답한다.

우리를 위해 오신 그리스도의 임재 속에 들어가 사는 사
람들은, 늘 먹구름이 드리운 것 같은 암울한 삶을 더 이상
살지 않아도 됩니다. 이제 새로운 힘이 움직이고 있습니
다. 그리스도 안에 있는 생명의 성령이 세찬 바람처럼 불
어와서 하늘의 구름을 모조리 걷어 주었습니다. 죄와 죽
음이라는 잔혹한 폭군 밑에서 평생을 허덕거려야 했을 여
러분을 해방시켜 주었습니다(롬 8:1-2).

하나님께서 대체 무슨 일을 하신 것인가? 바울은 대답하기
에 앞서 몇 가지 질문을 덧붙인다.

하나님을 설명할 수 있는 이 누구인가?
그분께 하실 일을 아뢸 수 있을 만큼 똑똑한 이 누구인가?
하나님이 조언을 구하시는 이 누구며
그분께 도움이 된 이 누구인가?

모든 것이 그분에게서 시작하고
그분을 통해 일어나며
그분에게서 마친다.
영원토록 영광! 영원토록 찬양!(롬 11:34-36)

예수께서 "구원하신다"는 말은 대체 무슨 의미인가?

우리가 너무 약하고 반항적이어서 전혀 준비되어 있지 않
았던 그때에, 그분은 자기 자신을 이 희생적 죽음에 내어
주셨습니다. 설령 우리가 그렇게 약하지 않았다 하더라
도, 우리는 여전히 갈팡질팡했을 것입니다. 우리는 목숨
을 바칠 만한 가치가 있다고 여기는 사람을 위해 대신 죽
는 것은 이해할 수 있습니다. 또 선하고 고귀한 사람을 보
면 우리 안에 그를 위해 기꺼이 희생하고자 하는 마음이

일어난다는 사실도 알고 있습니다. 그러나 하나님은 우리
가 그분께 아무 쓸모가 없을 때에 당신의 아들을 희생적
죽음에 내어주심으로, 그렇게 우리를 위해 당신의 사랑
을 아낌없이 내놓으셨습니다. 이 희생적 죽음, 이 완성된
희생 제사를 통해 우리는 하나님 앞에 바로 세워졌습니
다. 그러므로 이제는 더 이상 하나님과 사이가 멀어질 일
은 없습니다. 생각해 보십시오. 우리가 최악이었을 때에
도 그분 아들의 희생적 죽음을 통해 우리와 하나님 사이
가 친밀하게 되었습니다. 그렇다면 우리가 최선인 지금,
그분의 부활 생명이 우리 삶을 얼마나 드넓고 깊게 하겠
습니까!(롬 5:6-10)

이 모든 것 배후에 있는 것은 무엇이며, 또 이 모든 것은 결
국 어디를 향해 가는가?

하나님은 처음부터 자신이 하실 일을 분명히 아셨습니
다. 처음부터 하나님은 그분을 사랑하는 사람들의 삶을
그분 아들의 삶을 본떠 빚으시려고 결정해 두셨습니다.
그분의 아들은 그분께서 회복시키신 인류의 맨 앞줄에 서
계십니다. 그분을 바라볼 때 우리는, 우리 삶이 본래 어
떤 모습이었어야 하는지 깨닫게 됩니다. 하나님은 이처럼
그분의 자녀들이 어떤 모습이어야 하는지를 결정하신 뒤
에, 그들의 이름을 불러 주셨습니다. 이름을 부르신 뒤에

는, 그들을 그분 앞에 굳게 세워 주셨습니다. 또한 그들을
그렇게 굳게 세워 주신 뒤에는 그들과 끝까지 함께하시
며, 그분이 시작하신 일을 영광스럽게 완성시켜 주셨습니
다(롬 8:29-30).

이런 것들이 바로 바울의 생각을 이끌었던 질문들이다. 바
울은 유연하고 폭넓은 사고를 가진 지성인이었다. 그가 논
리와 논증, 시와 상상력, 성경과 기도, 창조와 역사와 경험
을 짜 넣어 써내려 간 이 편지는, 기독교 신학의 으뜸작으로
꼽히는 저술이 되었다.

로마서

1 ¹ 나 바울은, 사명을 받아 예수 그리스도께 몸 바쳐 일하는 그분의 종이자, 하나님의 말씀과 하신 일을 선포할 권한을 부여받은 사도입니다. 나는 로마에 있는 모든 믿는 이들, 곧 하나님의 친구인 여러분에게 이 편지를 씁니다.

²⁻⁷ 성경에는 하나님의 아들에 대해 예언자들이 앞서 전한 보고들이 담겨 있습니다. 역사적으로 보면, 그분은 다윗의 후손이십니다. 또한 고유한 정체성으로 보면, 그분은 하나님의 아들이신데, 예수께서 죽은 자들 가운데서 부활하심으로 메시아 곧 우리 주님으로 세워지셨을 때, 성령께서 이를 우리에게 보여주셨습니다. 그분을 통해 우리는 그분의 생명을 풍성한 선물로 받았고, 또 이 생명을 사람들에게 전하

는 긴급한 사명도 받았습니다. 예수를 향한 순종과 신뢰 속으로 뛰어들 때 사람들은 이 생명을 선사받습니다. 여러분이 지금의 여러분인 것은, 바로 예수 그리스도께서 주시는 이 선물과 부르심 때문입니다! 나는 하나님 우리 아버지와 메시아이신 우리 주 예수의 풍성하심으로 여러분에게 문안합니다.

8-12 나는 여러분 한 사람 한 사람으로 인해 예수를 통해 하나님께 감사드립니다. 이것이 내가 가장 먼저 하고 싶은 말입니다. 어디를 가든지 사람들은 내게 여러분의 믿음의 삶에 대해 이야기를 들려줍니다. 그런 이야기를 들을 때마다 나는 그분께 감사드립니다. 그리고 그분의 아들에 관한 복된 소식 곧 **메시지**를 전할 때에, 내가 사랑하여 예배하고 섬기기 원하는 하나님은 아십니다. 내가 기도중에 여러분을 생각할 때마다—사실은 늘—여러분을 보러 갈 수 있도록 길을 열어 달라고 그분께 기도한다는 것을 말입니다. 기다림이 길어질수록 간절함도 더 깊어집니다. 여러분이 있는 그곳에 가서 하나님의 선물을 직접 전해 주고, 여러분이 더욱 강건해져 가는 모습을 내 눈으로 직접 볼 수 있기를 내가 얼마나 원하는지요! 하지만 이 과정에서 내가 여러분에게 주려고만 한다고 생각하지 마십시오! 내가 여러분에게 줄 것 못지않게 여러분도 내게 줄 것이 많습니다.

13-15 친구 여러분, 내가 여러분을 방문하지 못한 것을 두고 부디 오해가 없기를 바랍니다. 내가 로마에 가려는 계획을

얼마나 자주 세웠는지 아마 여러분은 상상도 못할 것입니다. 나는 그동안 다른 많은 이방 성읍과 공동체에서 그랬던 것처럼, 여러분들 가운데서도 하나님께서 일하시는 모습을 직접 확인하는 즐거움을 누리고 싶었습니다. 그러나 늘 사정이 생겨 그러지 못했습니다. 누구를 만나든—문명인이든 미개인이든, 학식이 많은 사람이든 배우지 못한 사람이든, 그것은 중요하지 않습니다—나는 우리가 얼마나 서로에게 의존하는 존재이며, 서로에게 책임이 있는 존재인지를 깊이 느끼게 됩니다. 이것이 내가 로마에 있는 여러분에게 어서 가서 하나님의 놀랍도록 복된 소식을 전하려는 이유입니다.

16-17 내가 참으로 자랑스럽게 선포하는 이 소식은, 그분의 능력 가득한 계획에 관한 것입니다. 하나님께서 그분을 신뢰하는 사람이면 누구나, 유대인으로부터 시작해서 모든 사람에 이르기까지 다 구원하신다는 엄청난 **메시지**입니다. 사람들을 바로 세워 주시는 하나님의 길은 믿음의 행위 안에서 드러납니다. 이는 성경이 늘 말해 온 것과도 일치합니다. "하나님을 신뢰함으로 하나님 앞에 바로 세워진 사람은 참으로 살 것이다."

하나님을 무시하는 자들의 끝없는 추락

18-23 그러나 하나님의 노가 화염처럼 터져 나옵니다. 사람들의 불신과 범죄와 거짓의 행위가 쌓여 가고, 사람들이 애써 진리를 덮으려 하기 때문입니다. 그러나 하나님이 실재

하신다는 것은 너무도 분명한 근본 사실입니다. 그저 눈을
떠 보기만 해도 보이지 않습니까! 하나님이 창조하신 것을
찬찬히 그리고 유심히 바라보았던 사람들은 언제나, 그 눈
으로는 볼 수 없는 것—이를테면, 그분의 영원한 능력이나
신성의 신비—을 볼 수 있었습니다. 따라서 누구도 변명할
수 없습니다. 사실을 말하면 이렇습니다. 사람들은 하나님
을 너무도 잘 알고 있었지만 그분을 하나님으로 대하지 않
았고, 그분을 경배하기를 거부했습니다. 그럼으로써 그들은
스스로 어리석고 혼란에 빠진 하찮은 존재가 되었고, 결국
삶의 의미도 방향도 잃고 말았습니다. 그들은 다 아는 것처
럼 행세하나, 사실은 삶에 대해 아무것도 모릅니다. 심지어
그들은 온 세상을 손에 붙들고 계신 하나님의 영광을, 어느
길거리에서나 살 수 있는 싸구려 조각상들과 바꾸어 버렸을
정도입니다.

²⁴⁻²⁵ 그래서 하나님께서 이런 뜻의 말씀을 하셨습니다. "너
희가 원하는 것이 그것이라면, 그것을 주겠다." 결국 그들
은 머지않아, 안팎으로 온통 오물범벅인 돼지우리의 삶을
살게 되었습니다. 이것은 다 그들이 참 하나님을 거짓 신과
바꾸었기 때문입니다. 그들을 만드신 하나님—우리가 찬양
드리는 하나님! 우리에게 복 주시는 하나님!—대신에 자기
들이 만든 신을 예배했기 때문입니다.

²⁶⁻²⁷ 상황은 더 나빠져, 그들은 하나님 알기를 거부하면서
곧 사람이 어떠해야 하는지도 잊고 말았습니다. 여자는 여

자가 어떠해야 하는지 잊었고, 남자는 남자가 어떠해야 하는지 잊어버렸습니다. 성적 혼란에 빠져, 그들은 여자가 여자끼리 남자가 남자끼리 서로 학대하고 더럽혔습니다. 사랑 없이 욕정만 가득해서 말입니다. 그리고 그 대가를 치렀습니다. 아, 그 대가가 무엇인지 보십시오. 그들은 하나님과 사랑이 빠져 버린, 불경하고 무정한, 비참한 존재가 되고 말았습니다.

28-32 그들이 하나님 인정하기를 귀찮아하자, 하나님도 그들에게 간섭하기를 그만두시고 제멋대로 살도록 내버려 두셨습니다. 그러자, 그야말로 지옥 판이 벌어졌습니다. 악이 들끓고, 욕망의 아수라장이 벌어지고, 악독한 중상모략이 판을 쳤습니다. 시기와 무자비한 살인과 언쟁과 속임수로, 그들은 이 땅의 삶을 지옥으로 만들어 버렸습니다. 그들을 보십시오. 비열한 정신에, 독기에, 일구이언하며, 하나님을 맹렬히 욕하는 자들입니다. 깡패요, 건달이요, 참을 수 없는 떠버리들입니다! 그들은 삶을 파멸로 이끄는 새로운 길을 끊임없이 만들어 냅니다. 그들은 자기 인생에 방해가 될 때는 부모조차도 저버립니다. 우둔하고, 비열하고, 잔인하고, 냉혹한 자들입니다. 그들이 뭘 몰라서 그러는 것이 아닙니다. 그들은 자기들이 하나님의 얼굴에 침을 뱉고 있다는 사실을 너무도 잘 알고 있습니다. 하지만 그들은 개의치 않습니다. 오히려 가장 나쁜 짓을 가장 잘하는 이들에게 상까지 주고 있습니다!

하나님을 만만히 여기지 말라

2

¹⁻² 그들은 그렇게 어둠 속으로 끝없이 추락하고 있습니다. 그러나 여러분이 그들에게 손가락질할 만한 고상한 위치에 있다고 생각한다면, 생각을 바꾸십시오. 누군가를 비난할 때마다, 여러분은 자신을 정죄하는 것입니다. 여러분도 다르지 않기 때문입니다. 남을 판단하고 비난하는 것은 자신의 죄와 잘못이 발각되는 것을 모면해 보려는 흔한 술책입니다. 그러나 하나님은 그렇게 호락호락하신 분이 아닙니다. 그분은 그 모든 술책을 꿰뚫어 보시며 '그러면 너는 어떤지 보자'고 하십니다.

³⁻⁴ 혹시 다른 사람을 손가락질하면 여러분이 저지른 모든 잘못에 대해 하나님의 주의를 돌릴 수 있다고 생각했습니까? 하나님의 책망을 면할 수 있다고 생각했습니까? 하나님은 너무나 좋은 분이므로 여러분의 죄를 그냥 눈감아 주실 것이라고 생각했습니까? 그렇다면 처음부터 생각을 완전히 달리 하는 것이 좋습니다. 예, 하나님은 좋은 분이십니다. 그러나 결코 만만한 분은 아니십니다. 하나님이 좋은 분이라는 말은, 우리 손을 꼭 붙잡고서 우리를 근본적인 삶의 변화 속으로 이끌어 주신다는 말입니다.

⁵⁻⁸ 얼렁뚱땅 넘어갈 생각은 마십시오. 하나님을 거부하고 회피하는 일은 다 무엇이든 불을 키우는 일입니다. 그 불이 마침내 뜨겁게 활활 타오를 날, 하나님의 의롭고 불같은 심판의 날이 다가오고 있습니다. 착각하지 마십시오. 여러분

은 결국 여러분이 자초한 결과에 직면하게 될 것입니다. 하
나님 편에서 일하는 이들에게는 참 생명이, 자기 마음대로
살기를 고집하며 쉽게만 살려는 이들에게는 불이 찾아올 것
입니다!

9-11 하나님의 길을 거부한다면 데일 수밖에 없습니다. 여러
분이 어디에서 살았고, 어떤 부모 밑에서 자랐고, 어떤 학교
를 다녔는지는 아무 상관이 없습니다. 다만 여러분이 하나
님이 행하시는 길을 받아들이고 따르면, 어마어마한 유익이
있을 것입니다. 이 또한 여러분의 출신이나 성장 배경과는
아무 상관이 없습니다. 유대인이라고 해서 하나님께 자동적
으로 인정받는 법은 없습니다. 하나님은 여러분에 대한 다
른 사람들의 말(혹은 여러분 스스로의 생각)에 전혀 상관치 않
으십니다. 그분은 스스로 판단하십니다.

12-13 죄인 줄 모르고 죄를 짓는 경우라면, 하나님은 정상을
참작해 주십니다. 그러나 죄인 줄 잘 알면서도 죄를 짓는다
면, 그것은 완전히 다른 이야기입니다. 하나님의 법을 듣기
만 하고 그 명령을 행하지 않는다면, 그것은 시간 낭비일 뿐
입니다. 하나님이 중요하게 여기시는 것은, 듣는 것이 아니
라 행하는 것이기 때문입니다.

14-16 하나님의 법을 전혀 들어 본 적 없는 사람들도 직관을
따라 하나님의 법을 따르는 경우가 있습니다. 그런 그들의
순종은 하나님의 법이 진리임을 확증해 줍니다. 그들은 하
나님의 법이 밖에서부터 우리에게 부과된 낯선 것이 아니

라, 우리가 창조될 때 우리 안에 새겨진 것임을 보여줍니다. 그들의 내면 깊은 곳에는 하나님이 말씀하시는 '그렇다'와 '아니다'에, 그분의 '옳다'와 '그르다'에 공명하는 무언가가 있습니다. 하나님의 '그렇다'와 '아니다'에 대해 그들이 어떻게 응답했는지는, 하나님께서 모든 남녀들에 대해 최종 심판을 내리시는 그날, 온 천하에 다 공개될 것입니다. 이는 내가 예수 그리스도를 통해 선포하는 하나님의 **메시지**에 다 들어 있는 이야기입니다.

종교가 우리를 구원하지 못한다

17-24 유대인으로 성장한 이들에게 말합니다. 여러분의 종교가 여러분이 기댈 수 있는 안전한 품이라도 되는 줄 착각하지 마십시오. 하나님의 계시에 정통하다고, 하나님에 관해서라면 최신 교리까지 다 꿰고 있는 최고 전문가라고 목에 힘주고 다니지 마십시오! 특히 스스로 다 갖추었다고 확신하는 여러분, 하나님의 계시된 말씀을 속속들이 다 알기 때문에 어두운 밤길을 헤매면서 하나님에 대해 혼란스러워하는 이들에게 길 안내자가 되어 줄 수 있다고 자처하는 여러분에게 경고해 줄 말이 있습니다. 여러분이 다른 사람들을 인도한다고 하지만, 정작 여러분은 어떻습니까? 나는 지금 정색하고 말합니다. "도둑질하지 말라!"고 설교하는 여러분이 어찌하여 도둑질을 합니까? 얼마나 감쪽같은지요! 간음도 마찬가지입니다. 우상숭배도 마찬가지입니다. 그러면서

도 여러분은 하나님과 그분의 법에 대해 온갖 유창한 언변
을 늘어놓으며 용케도 잘 빠져나갑니다. 이것은 어제 오늘
의 일도 아닙니다. "너희 유대인들 때문에 이방인들에게서
하나님이 욕을 먹는다"는 성경 구절도 있듯이 말입니다.

²⁵⁻²⁹ 할례는 어떻습니까? 여러분이 유대인임을 표시해 주는
그 수술 의식은 좋은 것입니다. 여러분이 하나님의 율법에
맞게 산다면 그렇습니다. 그러나 여러분이 하나님의 율법을
따라 살지 않는다면, 차라리 할례를 받지 않는 것이 낫습니
다. 그 반대도 마찬가지입니다. 할례 받지 않고도 하나님의
길을 따라 사는 이들은 할례 받은 이들 못지않습니다. 사실,
더 낫습니다. 할례는 받지 않았어도 하나님의 율법을 지키
는 것이, 할례를 받고도 율법을 지키지 않는 것보다 낫습니
다. 칼로 뭔가를 잘라 낸다고 유대인이 되는 것은 아닙니다.
유대인인지 아닌지는, 여러분이 어떤 사람인지에 달린 일입
니다. 여러분을 유대인으로 만들어 주는 것은 여러분 마음
에 새겨진 하나님의 표시이지, 여러분 피부에 새겨진 칼자
국이 아닙니다. 그리고 중요한 것은 하나님께 인정받는 것
이지, 율법 전문가들한테 인정받는 것이 아닙니다.

❧

3 ¹⁻² 그렇다면 유대인인 것과 아닌 것, 다시 말해 하나
님의 길에 대해 훈련받은 것과 그렇지 못한 것은 무
슨 차이가 있을까요? 사실, 큰 차이가 있습니다. 그러나 사

람들이 흔히 생각하는 그런 차이는 아닙니다.

2-6 우선, 유대인들에게는 하나님의 계시, 곧 성경을 기록하고 보존할 책임이 맡겨졌습니다. 그 과정에서, 유대인들 중 일부가 자신의 임무를 저버렸던 것은 사실이지만, 하나님은 그들을 저버리지 않으셨습니다. 여러분은 그들이 신실하지 못했다고 해서 하나님도 신실하기를 포기하실 수 있다고 생각합니까? 결코 그럴 수 없습니다! 세상이 다 거짓말을 일삼을 때에도 하나님은 끝까지 당신이 하신 약속을 지키시는 분입니다. 이 말은 틀림없습니다. 성경도 그렇게 말합니다.

주님의 말씀은 변함이 없고 참되십니다.
거부를 당해도 주님은 흔들리시지 않습니다.

그런데 이런 질문이 나올 수 있습니다. '우리의 악한 행위가 오히려 하나님의 의로운 행위를 분명히 드러내고 확증한다면, 그 일로 우리는 오히려 칭찬받아야 하는 것 아닌가?' '우리의 악한 말이 그분의 선한 말씀에 흠집 하나 내지 못한다면, 하나님께서 우리를 다그쳐 우리 말에 책임을 묻는 것은 잘못된 것 아닌가?' 그 질문에 대한 대답은 '아니다'입니다. 결코 그렇지 않습니다! 생각해 보십시오. 하나님께서 바르지 않은 일을 하신다면, 어떻게 그분께서 세상을 바로 세우실 수 있겠습니까?

7-8 그저 심사가 뒤틀려서 이렇게 말할 수도 있습니다. "나의

거짓됨이 하나님의 참되심을 더욱 영광스럽게 드러내 준다
면, 왜 내가 비난을 받아야 하는가? 하나님한테 좋은 일을
하는 것인데." 실제로 어떤 이들은 우리가 그렇게 말한다고
말을 퍼뜨리기도 합니다. 그들은 우리가 "악을 더 많이 행
할수록 하나님은 선을 더 많이 행하시니, 악을 더 많이 행하
자!"고 말하며 다닌다고 주장합니다. 이는 순전히 중상모략
인 것을 여러분도 잘 아시리라 믿습니다.

모두가 침몰하는 배에 타고 있다

9-20 그렇다면, 우리의 처지는 어떻습니까? 우리 유대인들이
다른 이들보다 더 운이 좋은 것일까요? 사실, 그렇지 않습니
다. 기본적으로 우리는 유대인이든 이방인이든 모두 똑같
은 조건에서 출발합니다. 다시 말해, 우리는 다 죄인으로 출
발합니다. 이 점에 대해 성경은 더할 나위 없이 분명합니다.

바르게 사는 자 아무도 없다. 단 한 사람도 없다.
사리분별하는 자 아무도 없고, 하나님께 깨어 있는 자 아
무도 없다.
다들 잘못된 길로 접어들어,
다들 막다른 길에서 헤매고 있다.
바르게 사는 자 아무도 없다.
그런 사람 단 한 사람도 나는 찾을 수 없다.
그들의 목구멍은 쩍 벌어진 무덤이요,

그 혀는 기름칠한 듯 매끄럽다.
하는 말마다 독이 서렸고
입을 열면 공기를 오염시킨다.
'올해의 죄인'이 되려고 각축전을 벌이며
세상을 온통 비통과 파멸로 어지럽힌다.
사람들과 더불어 사는 법이라고는 기본조차 모르는 그들,
하나님은 안중에도 없다.

그렇다면 분명하지 않습니까? 성경에 기록된 모든 말씀은 다른 사람에 대한 말씀이 아니라 바로 우리에게 하시는 말씀입니다! 성경은 처음부터 우리를 향한 말씀이었습니다. 또한 명백하지 않습니까? 우리는 하나같이 다 죄인이며, 다함께 한 배를 타고서 가라앉을 수밖에 없는 사람들입니다! 하나님의 계시와 관련 있는 민족이라고 해서 우리가 자동적으로 하나님 앞에 바로 서게 되는 것은 아닙니다. 우리는 다만, 모든 사람의 죄에 우리 역시 연루되어 있다는 사실을 직시하게 될 뿐입니다.

하나님께서 바로 세우십니다

21-24 그런데 우리 시대에 와서 새로운 것이 더해졌습니다. 모세와 예언자들이 그들 시대에 증언했던 일이 실제로 일어난 것입니다. 그들이 증언한 '하나님이 바로 세워 주시는 일'이 이제 우리에게는 '예수께서 바로 세워 주시는 일'로 나타

났습니다. 이는 우리만을 위한 것이 아니라, 그분을 믿는 모든 사람을 위한 것입니다. 이 점에서 우리와 그들 사이에 아무런 차이가 없습니다. (우리나 그들이나) 다 죄인으로 오랫동안 비참한 전과를 쌓아 왔고, 하나님께서 뜻하시는 그 영광스런 삶을 살아 낼 능력이 전혀 없다는 것도 입증되었습니다. 그래서 하나님께서 친히 우리를 위해 일해 주셨습니다. 순전히 은혜로, 그분은 우리를 그분 앞에 바로 세워 주셨습니다. 이는 전적으로 그분의 선물입니다. 그분은 우리를 진창에서 건져 주셨고, 우리가 있기를 늘 원하셨던 자리로 우리를 되돌려 주셨습니다. 바로 예수 그리스도를 통해 그 일을 하셨습니다.

25-26 하나님은 세상의 제단 위에 예수님을 희생 제물로 삼으셔서 세상으로 하여금 죄를 면하게 해주셨습니다. 그분께 믿음을 둘 때 우리는 죄를 면하게 됩니다. 하나님은 이 일, 곧 예수의 희생을 통해 세상으로 하여금 그분 앞에서 죄를 면하게 해주신 이 일을 만천하에 드러내셨습니다. 하나님은 그동안 오래 참으신 죄들을 마침내 이렇게 처리해 주신 것입니다. 이는 분명히 드러난 일일 뿐 아니라, 또한 지금 일어나고 있는 일입니다. 이것은 현재 진행중인 역사입니다! 하나님은 모든 것을 바로 세워 주고 계십니다. 또한 우리로 하여금 바로 세워 주시는 그분의 의로우심 안에서 살 수 있게 해주십니다.

27-28 그렇다면, 우리 교만한 유대인들의 옥신각신하는 주장

들은 어떻게 되는 것입니까? 무효가 되는 것입니까? 그렇습니다. 무효가 되었습니다. 우리가 알게 된 것은 이것입니다. 우리가 행하는 일에 하나님이 응답하시는 것이 아니라는 것입니다. 사실은, 하나님이 행하시는 일에 우리가 응답하는 것입니다. 마침내 우리는 이 사실을 깨닫습니다. 우리의 삶이 하나님과, 또 다른 모든 사람들과 발맞추어 나가려면, 우리가 그분의 발걸음을 따라가야지, 거만하고 초조한 마음으로 우리가 행진을 이끌려고 해서는 안됩니다.

²⁹⁻³⁰ 그렇다면 하나님에 대해 독점권을 가졌다고 하는 우리 유대인들의 교만한 주장은 또 어떻게 되는 것입니까? 이 또한 무효가 되었습니다. 하나님은 유대인들의 하나님일 뿐 아니라 또한 이방인들의 하나님이기도 합니다. 하나님은 오직 한분이신데, 어찌 그렇지 않을 수 있겠습니까? 하나님은 당신이 하시는 일을 기꺼이 받아들이고 그 속으로 뛰어드는 사람이면 누구나, 다 그분 앞에 바로 세워 주십니다. 우리 종교의 제도를 따르는 이들뿐 아니라, 우리 종교에 대해 들어 본 적 없는 이들도 마찬가지입니다.

³¹ 그런데 우리가, 초점을 우리가 행하는 일에서 하나님이 행하시는 일로 옮긴다는 것은, 하나님의 규례와 법도를 신중히 따르던 삶을 취소한다는 말일까요? 전혀 그렇지 않습니다. 오히려 우리 삶 전체를 제자리에 놓음으로써, 그 삶을 더 굳게 세웁니다.

하나님을 신뢰하십시오

4 ¹⁻³ 그렇다면 우리 믿음의 첫 조상 아브라함 이야기를 이 새로운 관점에서 보면 어떨까요? 만일 아브라함이 하나님을 위해 이룬 일로 하나님의 인정을 얻어 낸 것이라면, 당연히 그 공로를 인정받았을 것입니다. 그러나 우리에게 전해진 이 이야기의 주인공은 하나님이지 아브라함이 아닙니다. 성경은 우리에게 이렇게 말합니다. "아브라함은 하나님이 그를 위해 하시는 일에 뛰어들었다. 바로 그것이 전환점이 되었다. 그는 자기 힘으로 바로 서려고 애쓰는 대신에, 하나님께서 자신을 바로 세워 주실 것을 신뢰했다." ⁴⁻⁵ 만일 여러분이 열심히 해서 어떤 일을 잘 해낸다면, 여러분은 보수를 받을 자격이 생깁니다. 그때 여러분이 받는 것은 임금이지 선물이 아닙니다. 그러나 여러분이 그 일을 감당할 수 없어 오직 하나님만이 하실 수 있는 일이라고 인정하고 그분께서 해주실 것을 신뢰한다면, 바로 그 신뢰가 여러분을 하나님에 의해, 하나님 앞에 바로 세워 줍니다. 이렇게 하나님 앞에 바로 서는 일은, 여러분의 힘으로 아무리 오랫동안 수고하고 애쓴다 해도 결코 해낼 수 없는 일입니다. 이는 전적으로 그분의 선물입니다.

⁶⁻⁹ 이 새로운 관점은 다윗에게서도 확증됩니다. 그는 자신의 공로 하나 없이, 오직 하나님께서 모든 것을 바로 세워 주실 것을 신뢰하는 사람은 복이 있다고 말합니다.

그 범죄가 지워지고 지은 죄 말끔히 씻겨진 사람은
복이 있다.
주님께 그 죄를 청산받은 사람은
복이 있다.

혹시 여러분은 이런 복이 우리 종교의 길을 따르는 할례 받은 사람들에게만 선언된다고 생각합니까? 우리가 따르는 길에 대해 들어 본 적 없는 사람들, 하나님께 훈련받아 본 적 없는 사람들도 이런 복을 받을 수 있다는 생각은 못해 봤습니까? 일단 우리 모두가 동의할 수 있는 사실부터 말해 보겠습니다. 아브라함이 하나님께 합당하다고 선언된 것은, 그가 하나님께서 그를 위해 하시는 일을 받아들였기 때문입니다.
10-11 그렇다면 생각해 보십시오. 그 선언이 내려진 것은, 그가 할례라는 언약 의식을 통해 몸에 표시를 받기 전이었습니까, 그 후였습니까? 맞습니다. 표시를 받기 전이었습니다. 그렇다면, 그가 할례를 받은 것은, 하나님께서 그를 당신 앞에 바로 세우시려고 오래전부터 그를 위해 일해 오신 것에 대한 증거이자 확증의 의미였다는 뜻입니다. 아브라함은 다만 하나님의 이 일을 자신의 온 삶으로 받아들였던 것입니다.
12 또한 이것은 아브라함이 모든 사람의 조상이라는 뜻이기도 합니다. 다시 말해, 하나님께 아직 "바깥 사람"인 이들, 하나님의 백성으로 인정받지 못하는 이른바 "할례 받지 않

은" 사람들이라도, 하나님께서 자신들을 위해 하시는 일을 받아들인다면, 아브라함은 그들 모두의 조상도 된다는 것입니다. "하나님에 의해, 하나님 앞에 바로 서게 된" 사람들이란 바로 이런 사람들을 두고 하는 말입니다! 물론, 아브라함은 할례라는 종교 의식을 거친 이들의 조상이기도 합니다. 그러나 이는 그들이 행한 그 종교 의식 때문이 아니라, 하나님께서 그들을 위해 행하시는 일을 믿음으로 받아들이는 모험의 삶을 살기로 그들이 결단했기 때문입니다. 아브라함은 할례의 표시를 받기 오래전부터 바로 이런 삶을 살아온 것입니다.

13-15 하나님께서 아브라함에게 그 유명한 약속—그와 그의 후손이 땅을 차지하리라—을 주신 것은, 그가 무언가를 이루었거나 이루려고 했기 때문이 아니었습니다. 그 약속이 주어진 것은, 그를 위해 모든 것을 바로 세워 주시겠다는 하나님의 결정에 기초한 것이었습니다. 아브라함은 다만 믿음으로 거기에 뛰어들었을 뿐입니다. 만일 우리가 하나님께 무언가를 얻는 것이 자기가 해야 할 일을 다 마치고 온갖 서류를 다 구비해야만 비로소 가능한 일이라면, 인격적 신뢰가 들어설 여지는 아예 사라지고 약속은 냉혹한 계약으로 바뀌고 맙니다! 그런 것은 거룩한 약속이 아닙니다. 사업상 거래일 뿐입니다. 빈틈없는 변호사가 깨알 같은 글씨로 작성한 계약서는 우리가 얻을 것이 전혀 없을 것이라는 사실만 확인해 줄 뿐입니다. 그러나 애초에 계약이란 없고 약속

만이—그것도 하나님의 약속만이—있는 것이라면, 그것은
여러분이 깰 수 있는 것이 아닙니다.

16 바로 이런 이유로 하나님의 약속의 성취는, 전적으로 하
나님과 그분의 길을 신뢰하는 것, 하나님과 그분이 하시는
일을 단순히 받아들이는 것에 달려 있습니다. 하나님의 약
속은 순전한 선물로 우리에게 옵니다. 바로 이것이 우리 종
교적 전통을 따르는 사람들뿐 아니라, 그런 것에 대해 들어
본 적 없는 사람들도 그 약속에 확실히 참여할 수 있는 유일
한 길입니다. 아브라함은 우리 모두의 조상이기 때문입니
다. 그는 우리 민족의 조상이 아닙니다. 그렇다고 한다면,
그것은 이야기를 거꾸로 읽는 것입니다. 그는 우리 믿음의
조상입니다.

17-18 우리가 아브라함을 "조상"이라고 부르는 것은 그가 거
룩한 사람처럼 살아서 하나님의 주목을 받았기 때문이 아닙
니다. 하나님께서 보잘것없던 아브라함을 불러 대단한 사
람으로 만드셨기 때문입니다. 성경에서 우리가 늘 읽는 말
씀, 하나님께서 아브라함에게 하신 말씀이 바로 이것 아닙
니까? "내가 너를 많은 민족의 조상으로 세운다." 아브라함
은 먼저 "조상"이라고 불렸고, 그런 다음에 조상이 된 것입
니다. 그것은 오직 하나님만이 하실 수 있는 일을, 하나님
께서 하실 것으로 그가 담대히 신뢰했기 때문입니다. 하나
님께서는 죽은 사람들을 살리시고, 말씀으로 무(無)에서 유
(有)를 만들어 내시는 분이십니다. 아무 희망이 없었음에도

불구하고, 아브라함은 믿었습니다. 아브라함은 자신의 눈에 보이는 불가능한 것을 근거로 살지 않고, 하나님께서 하시겠다고 말씀하신 약속을 근거로 살기로 결단한 것입니다. 그러므로 그는 허다한 민족의 조상이 되었습니다. 하나님께서 친히 그에게 말씀하셨습니다. "아브라함아, 너는 장차 큰 민족을 이룰 것이다!"

19-25 아브라함은 자신의 무력함에 집중하지 않았습니다. 그는 "소망이 사라졌다. 백 살이나 먹은 이 늙은 몸으로 어떻게 아이를 볼 수 있겠는가" 하고 말하지 않았습니다. 또 사라가 아기를 낳지 못한 수십 년을 헤아리며 체념하지도 않았습니다. 그는 하나님의 약속 주위를 서성거리며 조심스레 의심 어린 질문을 던지지도 않았습니다. 그는 그 약속 안으로 성큼 뛰어들었습니다. 그러고는 굳센 자, 하나님을 위해 준비된 자, 말씀하신 바를 이루실 하나님을 확신하는 자가 되어 나왔습니다. 그래서 이런 말씀이 기록되었습니다. "아브라함은 하나님이 그를 바로 세워 주실 것을 신뢰함으로 하나님께 합당한 사람으로 선언되었다." 그러나 이것은 아브라함에게만 해당되는 이야기가 아닙니다. 이것은 우리 이야기이기도 합니다! 우리가 아무 소망 없는 상황에서도 예수를 살리신 분을 받아들이고 믿을 때, 우리 역시 동일한 말씀을 듣게 됩니다. 희생 제물이 되어 주신 예수께서 우리를 하나님께 합당한 사람으로, 하나님 앞에 바로 세워진 사람으로 만들어 주셨습니다.

인내를 기르라

5

¹⁻² 하나님께서 우리를 위해 늘 하고자 하셨던 일, 곧 그분 앞에 우리를 바로 세워 주시고, 그분께 합당한 사람으로 만들어 주는 일에 우리는 믿음으로 뛰어들었습니다. 그러므로 지금 우리는, 우리 주인이신 예수로 말미암아 하나님 앞에서 이를 누리고 있습니다. 그뿐 아닙니다. 하나님을 향해 우리 문을 활짝 열어젖히는 순간, 우리는 그분께서 이미 우리를 향해 문을 활짝 열어 놓고 계셨음을 발견합니다. 우리가 늘 있고자 원했던 그곳에, 마침내 우리가 서 있음을 알게 됩니다. 우리는 하나님의 은혜와 영광의 그 넓고 탁 트인 공간에서, 고개 들고 서서 소리 높여 찬양하는 우리 자신을 발견하게 됩니다.

³⁻⁵ 그뿐 아닙니다. 온갖 환난에 포위되어 있을 때에도 우리는 소리 높여 찬양하기를 멈추지 않습니다. 환난이 우리 안에 열정 어린 인내를 길러 주고, 그 인내가 쇠를 연마하듯 우리 인격을 단련시켜 주며, 우리로 하여금 하나님께서 장차 행하실 모든 일에 대해 늘 깨어 있게 해준다는 것을 우리가 알기 때문입니다. 이 같은 희망 속에 늘 깨어 있을 때, 우리는 결코 실망하는 법이 없습니다. 오히려 정반대입니다. 우리가 하나님께서 성령을 통해 우리 삶 속에 아낌없이 쏟아붓고 계신 그 모든 것을 다 담아 내기에는, 아무리 많은 그릇으로도 부족합니다!

⁶⁻⁸ 그리스도께서 더없이 알맞은 때에 오셔서 이런 일을 이

루십니다. 그분은 우리가 다 준비되기까지 기다리지 않으셨고, 지금도 그러하십니다. 우리가 너무 약하고 반항적이어서 전혀 준비되어 있지 않았던 그때에, 그분은 자기 자신을 이 희생적 죽음에 내어주셨습니다. 설령 우리가 그렇게 약하지 않았다 하더라도, 우리는 여전히 갈팡질팡했을 것입니다. 우리는 목숨을 바칠 만한 가치가 있다고 여기는 사람을 위해 대신 죽는 것은 이해할 수 있습니다. 또 선하고 고귀한 사람을 보면 우리 안에 그를 위해 기꺼이 희생하고자 하는 마음이 일어난다는 사실도 알고 있습니다. 그러나 하나님은 우리가 그분께 아무 쓸모가 없을 때에 당신의 아들을 희생적 죽음에 내어주심으로, 그렇게 우리를 위해 당신의 사랑을 아낌없이 내놓으셨습니다.

9-11 이 희생적 죽음, 이 완성된 희생 제사를 통해 우리는 하나님 앞에 바로 세워졌습니다. 그러므로 이제는 더 이상 하나님과 사이가 멀어질 일은 없습니다. 생각해 보십시오. 우리가 최악이었을 때에도 그분 아들의 희생적 죽음을 통해 우리와 하나님 사이가 친밀하게 되었습니다. 그렇다면 우리가 최선인 지금, 그분의 부활 생명이 우리 삶을 얼마나 드넓고 깊게 하겠습니까! 하나님과 친구가 되는 이 엄청난 선물을 실제로 받아 누리고 있는 우리는, 이제 더 이상 단조로운 산문적 표현에 만족할 수 없습니다. 우리는 노래하고 외칩니다! 메시아 예수를 통해 하나님께 우리의 찬양을 드립니다!

죽음을 부르는 죄, 생명을 주는 선물

12-14 여러분은 아담이 어떻게 우리를 죄와 죽음이라는 딜레마에 처하게 만들었는지 들어서 알고 있을 것입니다. 죄와 죽음으로부터 자유로운 사람은 아무도 없습니다. 죄는 만물과 하나님과의 관계, 또 모든 사람과 하나님과의 관계에 해(害)를 끼쳐 왔지만, 하나님께서 모세를 통해 자세히 상술해 주시기까지는 그 해가 어느 정도인지 분명치 않았습니다. 그처럼 죽음, 곧 우리와 하나님 사이를 갈라놓는 그 거대한 심연은, 아담으로부터 모세에 이르는 시간에도 위세를 떨쳤습니다. 하나님이 주신 특정 명령에 불순종했던 아담과 같은 죄를 짓지 않은 이들도 모두 이러한 생명의 끊어짐, 곧 하나님과의 분리를 경험해야만 했습니다. 그러나 우리를 이런 지경에 빠뜨린 아담은, 또한 우리를 거기서 구원해 주실 분을 앞서 가리키는 존재이기도 합니다.

15-17 그러나 우리를 구출하는 이 선물은, 죽음을 초래하는 그 죄와 비교가 되지 않습니다. 생각해 보십시오! 한 사람의 죄가 수많은 사람들을 하나님과의 분리라는 그 죽음의 심연에 밀어 넣었다고 할 때, 한 사람 예수 그리스도를 통해 쏟아 부어지는 이 하나님의 선물은 우리에게 어떤 것을 가져다줄까요? 죽음을 초래하는 그 죄와 넘치는 생명을 가져오는 이 선물은 서로 비교할 수 없습니다. 그 죄에 대한 평결로는 죽음의 선고가 내려졌지만, 뒤따른 다른 많은 죄들에 대한 평결로는 경이로운 생명 선고가 내려졌습니

다. 한 사람의 잘못을 통해 죽음이 위세를 떨쳤다면, 이제 한 사람 예수 그리스도께서 마련해 주신 이 어마어마한 생명의 선물. 이 "모든 것을 바로 세우시는" 장대한 일을 두 팔 벌려 받아들이는 이들 안에서 이 생명이 이루어 낼 가슴 벅찬 회복—우리를 다스리는 생명!—이 어떤 것일지, 여러분은 상상할 수 있겠습니까?

18-19 한마디로 말하면 이렇습니다. 한 사람이 잘못을 범해 우리 모두가 죄와 죽음이라는 곤경에 처하게 된 것처럼, 또 다른 한 사람이 올바른 일을 함으로써 우리 모두가 거기서 벗어날 수 있게 되었습니다. 사실, 우리는 단순히 곤경에서 건져신 것 이상입니다. 그분은 우리를 생명 속으로 이끌어 들이셨습니다! 한 사람이 하나님께 "아니요"라고 말함으로써 많은 사람이 잘못되었고, 한 사람이 하나님께 "예"라고 말함으로써 많은 사람이 바르게 되었습니다.

20-21 일시적인 율법이 죄와 맞서 할 수 있었던 것이라고는 더 많은 율법 위반자들을 만들어 내는 것이 전부였습니다. 그러나 죄는 우리가 은혜라고 부르는 그 전투적 용서에는 도저히 맞수가 되지 못합니다. 죄와 은혜가 맞설 때, 이기는 쪽은 언제나 은혜입니다. 죄가 할 수 있는 일이라고는 죽음으로 우리를 위협하는 것이 전부인데, 이제 그 일도 끝났습니다. 하나님께서 메시아를 통해 모든 것을 다시 바로 세우고 계시기에, 은혜는 우리를 생명의 삶 속으로 이끌어 들입니다. 끝없는 삶. 다함없는 세상 속으로 말입니다.

그리스도와 함께 죽고 살다

6 ¹⁻³ 그렇다면, 이제 우리는 어떻게 할까요? 혹시, 하나님이 계속해서 용서를 베풀어 주시도록 계속해서 죄를 지을까요? 그렇지 않기를 바랍니다! 죄가 다스리는 나라를 떠난 사람이 어떻게 거기 있는 옛 집에서 계속 살 수 있단 말입니까? 우리는 짐을 꾸려 영원히 그곳을 떠났다는 사실을 모르십니까? 우리가 세례 받을 때 일어난 일이 바로 이것입니다. 물 아래로 들어갔을 때 우리는 죄라는 옛 나라를 뒤에 남겨 두고 떠난 것입니다. 그 물에서 올라올 때 우리는 은혜라는 새 나라에 들어간 것입니다. 새로운 땅에서의 새로운 삶 속으로 말입니다!

³⁻⁵ 우리가 받은 세례의 의미가 바로 이것입니다. 세례는 예수의 삶 속으로 들어가는 것입니다. 물에 들어갔을 때 우리는 예수처럼 죽어 매장된 것입니다. 물 위로 일으켜졌을 때 우리는 예수처럼 부활한 것입니다. 우리 한 사람 한 사람을 우리 아버지 하나님이 일으켜 세우셔서 빛이 가득한 세상에 들어가게 해주셨고, 그래서 지금 우리는 은혜가 다스리는 그 새 나라에서 길을 찾아 살게 되었습니다.

⁶⁻¹¹ 너무도 분명하지 않습니까? 우리 옛 삶은 그리스도와 함께 십자가에 못 박혔습니다. 죄의 삶, 그 비참한 삶에 종지부를 찍은 것입니다. 이제 우리는 더 이상 죄에 이리저리 휘둘리지 않습니다! 우리는 믿습니다. 그리스도의 죽음은 죄를 정복하는 죽음입니다. 그 죽음에 우리가 들어갔다면,

또한 우리는 그분의 부활, 곧 생명을 구원하는 그 부활 속으로도 들어갑니다. 우리가 알듯이, 예수께서 죽은 자들 가운데서 일으켜지신 것은 마지막으로서의 죽음의 끝을 알리는 것이었습니다. 이제 죽음은 끝이 아닙니다. 예수께서 죽으셨을 때 그분은 자신과 더불어 죄를 끌어내리셨고, 다시 살아나셨을 때 그분은 하나님을 우리에게 내려오시게 하셨습니다. 그러니 이제부터는 이렇게 여기십시오. 이제 죄는 여러분이 알아듣지도 못하는 사어(死語)로 말할 뿐입니다. 그러나 하나님은 여러분에게 모국어로 말씀하시며, 여러분은 그 말씀을 한 마디도 놓치지 않습니다. 여러분은 이제 죄에 대해서는 죽었고, 하나님께 대해서는 살았습니다. 예수께서 그렇게 만드셨습니다.

12-14 다시 말합니다. 이제 여러분은 삶의 길을 정할 때, 죄에게는 단 한 표의 권한도 허용하지 말아야 합니다. 죄는 거들떠보지도 마십시오. 그런 옛 방식의 삶이라면 잔심부름도 거절하십시오. 대신 여러분은, 온 마음을 다하고 온 시간을 들여 하나님의 길에 헌신하십시오. 여러분은 죽은 자들 가운데서 일으켜진 사람임을 기억하십시오! 이제 여러분은 죄가 시키는 대로 살 수 없습니다. 여러분은 더 이상 그 옛 폭군의 지배 아래 있지 않기 때문입니다. 이제 여러분은 하나님의 자유 가운데 살고 있습니다.

참된 자유

15-18 그런데, 그 옛 폭군에게서 벗어났다고 해서 우리가 옛날처럼 마음대로 살아도 좋다는 뜻입니까? 하나님의 자유 가운데 자유롭게 되었다고 해서, 이제 무엇이든 내키는 대로 해도 좋다는 것입니까? 그렇지 않습니다. 여러분은 경험을 통해 알 것입니다. 자유로운 행위라지만 실은 자유를 파괴하는 행위들이 있다는 것을 말입니다. 가령, 여러분 자신을 죄에 바쳐 보십시오. 그러면 그것으로 여러분의 자유의 행위는 끝이 납니다. 그러나 여러분 자신을 하나님의 길에 바쳐 보십시오. 그러면 그 자유는 결코 그치는 법이 없습니다. 여러분은 평생을 죄가 시키는 대로 살아왔습니다. 그러나 감사하게도, 이제 여러분은 새로운 주인의 말을 듣기 시작했으며, 그분의 명령은 여러분을 그분의 자유 가운데 가슴 펴고 사는 자유인으로 만들어 줍니다!

19 내가 이처럼 "자유"를 들어 말하는 것은, 쉽게 우리 머릿속에 그림이 그려지기 때문입니다. 어렵지 않게 떠올릴 수 있지 않습니까? 과거에 자기 마음대로—다른 사람이나 하나님은 안중에 두지 않고서—살았을 때, 어떻게 여러분의 삶이 더 나빠지고 오히려 자유에서 멀어져 갔던지를 말입니다. 그러나 이제, 하나님의 자유 가운데 사는 여러분의 삶, 거룩함으로 치유받고 드넓어진 여러분의 삶은 얼마나 다릅니까!

20-21 과거에 하나님을 무시하며 제멋대로 살았을 때, 여러분

은 무엇이 바른 생각인지, 무엇이 바른 행동인지는 전혀 신경 쓰지 않고 살았습니다. 그러나 과연 그런 삶을 자유로운 삶이라고 할 수 있습니까? 그런 삶에서 여러분이 얻은 것은 대체 무엇이었나요? 이제 와서 볼 때 자랑스럽게 여길 만한 것은 하나도 없지 않습니까? 그런 삶이 여러분을 마침내 데려간 곳은 어디였나요? 막다른 길뿐이었습니다.

22-23 그러나 더 이상 죄가 시키는 대로 살 필요가 없다는 사실을 알게 된 지금, 하나님의 말씀을 듣고 따르는 즐거움을 알게 된 지금, 여러분, 놀랍지 않습니까? 여러분은 지금 온전한 삶, 치유된 삶, 통합된 삶을 누리고 있습니다. 또한 이 삶은 갈수록 더 풍성해집니다! 죄를 위해 평생 애써 일해 보십시오. 결국 여러분이 받게 될 연금은 죽음이 전부입니다. 그러나 하나님의 선물은, 우리 주 예수께서 전해 주시는 참된 삶, 영원한 삶입니다.

두 길 사이에서 신음하는 삶

7 1-3 친구 여러분, 여러분은 내가 하는 말을 이해하는 데 어려움이 없을 것입니다. 여러분은 율법에 대해서라면 박식한 전문가들이기 때문입니다. 여러분이 잘 알듯이, 율법의 적용과 효력은 살아 있는 사람들에게만 해당됩니다. 가령, 아내는 남편이 살아 있는 동안에는 법적으로 남편에게 묶여 있지만 남편이 죽으면 자유로워집니다. 만일 남편이 살아 있는데도 다른 남자와 산다면, 이는 명백한 간

음입니다. 하지만 남편이 죽는다면 그녀는 아무 양심의 거리낌 없이 자유롭게 다른 남자와 결혼할 수 있고, 누구도 이의를 제기할 수 없습니다.

4-6 친구 여러분, 여러분에게 일어난 일이 바로 이와 같습니다. 그리스도께서 죽으셨을 때, 그분은 법에 얽매이는 삶 전체를 자신과 더불어 끌어내리시고 그것을 무덤으로 가져가셨습니다. 여러분으로 하여금 부활 생명과 자유롭게 "결혼"할 수 있도록, 그래서 하나님을 향한 믿음을 "자녀"로 낳을 수 있도록 하셨습니다. 우리가 옛 방식대로―다시 말해 우리 마음대로―살았을 때는, 옛 율법 조문에 포위당한 채 죄에 거의 속수무책이었습니다. 그럴수록 우리는 더욱더 반항적이 되어 갔습니다. 그런 삶에서 우리가 내놓은 것이라고는 유산(流産)과 사산(死産)이 전부였습니다. 그러나 더 이상 죄라는 폭압적인 배우자에게 묶여 있지 않고, 그 모든 포악한 규정들과 계약 조항들로부터 자유로워진 우리는, 하나님의 자유 가운데, 자유롭게 새로운 삶을 살 수 있게 되었습니다.

7 아마 이런 질문이 나올 수 있습니다. "율법 조문이 그렇게 나쁜 것이라면, 죄와 다를 바 없다는 것이군요." 아닙니다. 분명, 그렇지 않습니다. 율법 조문에는 나름의 정당한 기능이 있습니다. 만약 옳고 그름에 대해 안내해 주는 분명한 지침이 없었다면, 도덕적 행위는 대부분 어림짐작에 따른 일이 되고 말았을 것입니다. "탐내지 말라"는 딱 부러지는 명령이 없었다면, 아마도 나는 탐욕을 마치 덕인 양 꾸며 댔을 것이

며, 그러다가 결국 내 삶을 파멸시키고 말았을 것입니다.

⁸⁻¹² 여러분, 기억 못하십니까? 나는 너무도 잘 기억합니다. 율법 조문은 처음 시작할 때는 대단히 멋진 것이었습니다. 그러나 그 다음 어떻게 되었던가요? 그 명령을 죄가 왜곡하여 유혹이 되게 만들었고, 그래서 결국 "금지된 열매"라는 것이 만들어졌습니다. 율법 조문이 나를 안내해 주는 것이 아니라, 도리어 나를 유혹하는 일에 사용되어 버린 것입니다. 율법 조문이라는 장신구가 붙어 있지 않았을 때는 죄가 그저 따분하고 생기 없어 보였을 뿐, 나는 그것에 별 관심을 기울이지 않았습니다. 그러나 죄가 율법 조문을 가져다가 장신구로 삼고 자신을 꾸미자, 나는 그것에 속아 넘어가고 말았습니다. 나를 생명으로 안내해야 할 그 명령이, 도리어 나를 넘어뜨리는 일, 나를 곤두박질치게 하는 일에 사용되어 버린 것입니다. 이런 식으로, 죄는 생기가 넘치게 되었으나 나는 완전히 생기를 잃고 말았습니다. 그러나 율법 조문 자체는 하나님께서 상식으로 여기시는 것으로서, 각 명령은 모두 건전하고 거룩한 권고입니다.

¹³ 나는 여러분의 다음 질문이 무엇인지도 알고 있습니다. "율법을 좋은 것이라고 하면서, 왜 우리가 그 좋은 것을 의지해서는 안된다는 것인가요? 선도 악처럼 위험하단 말입니까?" 이번에도 대답은 "그렇지 않다"입니다. 죄가 다만 자기가 잘하기로 이름난 일을 했을 뿐입니다. 다시 말해, 죄가 선한 것 속에 숨어 들어가 나를 유혹하고 나로 하여금 나

자신을 파멸시키는 일을 하게 만든 것입니다. 죄는 하나님의 선한 계명 속에 숨어서, 자기 혼자 할 수 있는 것보다 훨씬 더 큰 해악을 끼칠 수 있었습니다.

14-16 이런 반응도 나올 수 있을 것입니다. "하나님의 명령은 다 영적입니다. 하지만 나는 나 자신이 영적이지 못하다는 것을 압니다. 당신도 같은 경험을 하지 않나요?" 예, 그렇습니다. 나는 나 자신으로 가득합니다. 정말 나는 오랜 시간을 죄의 감옥에 갇혀 지냈습니다. 내가 내 자신에 대해 이해하지 못하는 것이 있습니다. 나는 늘 결심은 이렇게 하지만 행동은 다르게 합니다. 나 자신이 끔찍히도 경멸하는 행동들을 결국 저지르고 맙니다. 이처럼 나는, 무엇이 최선인지를 알아서 실천에 옮길 수 있는 사람이 못됩니다. 내게는 분명 하나님 명령이 필요합니다.

17-20 사실, 내게는 명령 이상의 무언가가 필요합니다! 율법을 알면서도 지키지 못하고, 내 속에 있는 죄의 세력이 계속해서 나의 최선의 의도를 좌초시키고 있다면, 분명 내게는 다른 도움이 필요한 것입니다! 지금 내게는 있어야 할 것이 없습니다. 나는 뜻을 품을 수는 있으나, 그 뜻을 행동으로 옮길 수는 없습니다. 나는 선을 행하기로 결심하지만, 실제로는 선을 행하지 않습니다. 나는 악을 행하지 않기로 결심하지만, 결국에는 악을 저지르고 맙니다. 나는 결심하지만, 결심만 하지 행동으로 이어지지 않습니다. 내 내면 깊은 곳에서 무엇인가 잘못된 것입니다. 그래서 나는 매번 패배하

고 맙니다.

21-23 이는 너무도 반복적으로 일어나는 일이어서 충분히 예측할 수 있습니다. 내가 선을 행하기로 결심하는 순간, 벌써 죄가 나를 넘어뜨리려고 와 있습니다. 내가 정말 하나님의 명령을 즐거워하지만, 내 안의 모든 것이 그 즐거움에 동참하는 것은 아니라는 사실 또한 분명합니다. 내 안의 다른 부분들이 은밀히 반란을 일으켜서, 가장 예상치 못했던 순간에 나를 장악해 버립니다.

24 내가 할 수 있는 일을 무엇이든 해보았지만, 결국 아무 소용이 없습니다. 나는 벼랑 끝에 서 있습니다. 이런 나를 위해 무엇인가 해줄 수 있는 이 누구 없습니까? 정말 던져야 할 질문은 바로 이런 것이 아닙니까?

25 감사하게도, 답이 있습니다. 바로 예수 그리스도께서 그같은 일을 하실 수 있고, 또 하신다는 것입니다! 마음과 생각으로는 하나님을 섬기고 싶어 하지만, 죄의 세력에 끌려 전혀 엉뚱한 일을 행하는 우리의 모순 가득한 삶 속에 들어오셔서, 그분은 모든 것을 바로 세우는 일을 행하셨습니다.

성령께서 주시는 그리스도의 생명

8

1-2 메시아이신 예수께서 오심으로, 마침내 이 치명적 딜레마가 해결되었습니다. 우리를 위해 오신 그리스도의 임재 속에 들어가 사는 사람들은, 늘 먹구름이 드리운 것 같은 암울한 삶을 더 이상 살지 않아도 됩니다. 이

제 새로운 힘이 움직이고 있습니다. 그리스도 안에 있는 생명의 성령이 세찬 바람처럼 불어와서 하늘의 구름을 모조리 걷어 주었습니다. 죄와 죽음이라는 잔혹한 폭군 밑에서 평생을 허덕거려야 했을 여러분을 해방시켜 주었습니다.

3-4 하나님께서 자신의 아들을 보내셔서 문제의 급소를 찌르셨습니다. 그분은 우리의 문제를 자신과 동떨어진 문제로 취급하지 않으셨습니다. 그분은 아들이신 예수 안에서 친히 인간의 처지를 떠맡으시고, 진창 속에서 씨름하고 있는 인류 안으로 들어오셔서, 문제를 영단번에 바로잡아 주신 것입니다. 그동안 율법 조문은 이런 일을 해낼 수 없었는데, 균열된 인간 본성으로 인해 그것 역시 허약해졌기 때문입니다. 율법은 언제나 근본적 치유가 아니라, 죄에 대한 미봉책이었을 뿐입니다. 그러나 마침내, 그동안 응할 수 없었던 율법 조문의 요구에 우리가 응할 수 있게 되었습니다. 이는 우리가 한층 더 노력해서가 아니라, 오직 성령께서 우리 안에서 행하고 계신 일을 우리가 받아들임으로써 그렇게 된 것입니다.

5-8 자기 힘으로 할 수 있다고 여기는 사람들은 늘 자신의 도덕적 힘을 재 보는 일에만 몰두할 뿐, 정작 실제 삶에서 그 힘을 발휘하여 일하지는 못합니다. 반면에, 자기 안에 일하고 계신 하나님의 활동을 신뢰하는 사람들은 자기 안에 하나님의 성령이—살아 숨 쉬고 계신 하나님!—계시다는 사실을 발견하게 됩니다. 자기 자아에 사로잡힌 사람들은 결국 막다른 길에 이를 뿐입니다. 그러나 하나님께 주목하

는 사람들은 탁 트이고 드넓은, 자유로운 삶 속으로 이끌려
갑니다. 자기 자아에 집중하는 것과 하나님께 집중하는 것
은, 극과 극입니다. 자기 자아에 몰두하는 사람들은 하나님
을 무시하고, 결국 하나님보다 자기 자아에 더 많이 몰입하
게 됩니다. 그런 사람들은 하나님과, 하나님이 행하시는 일
을 무시합니다. 그러나 하나님은 결코 무시당하는 것을 기
뻐하시는 분이 아닙니다.

9-11 하나님께서 친히 여러분의 삶 가운데 사시기로 하셨다
면, 이제 여러분은 하나님보다 여러분 자신에 대해 더 많이
생각할 수 없습니다. 보이지 않지만 분명히 현존하는 하나
님이신 그리스도의 영을 아직 모셔 들이지 않은 사람들은,
지금 우리가 하는 말을 이해하지 못할 것입니다. 그러나 그
분을 모셔 들인 여러분, 그분이 안에 사시는 여러분은, 비록
지금도 죄로 인한 한계들을 경험하지만, 하나님의 생명으
로 사는 삶을 경험하고 있습니다. 예수를 죽은 자들 가운데
서 일으키신 살아 계신 하나님께서 여러분의 삶 속에 들어
오신 것입니다. 그렇다면, 그분이 예수 안에서 행하셨던 것
과 같은 일을 여러분 안에서도 행하셔서, 여러분을 그분을
향해 살아나게 만드시리라는 것은 너무도 분명하지 않습니
까? 하나님께서 여러분 안에 살아 숨 쉬고 계시다면(이것도
예수 안에서처럼 여러분 안에서도 분명한 사실입니다), 여러분
은 실로 죽은 삶으로부터 건짐받은 것입니다. 여러분 안에
사시는 그분의 성령으로 말미암아, 여러분의 몸도 그리스도

의 몸처럼 살아나게 될 것입니다!

12-14 우리는 자기 힘을 믿고 사는 옛 삶에게는 한 푼도 덕을 본 것이 없습니다. 그런 삶은 우리에게 유익한 것이 전혀 없습니다. 우리가 해야 할 최선은, 그 삶을 땅에 묻고 새로운 삶을 시작하는 것입니다. 하나님의 영이 우리를 손짓해 부르고 계십니다. 해야 할 일들, 가야 할 곳들이 얼마나 많은 지요!

15-17 하나님께 받은 이 부활 생명의 삶은 결코 소심하거나 무거운 삶이 아닙니다. 이는 기대 넘치는 모험의 삶, 어린아이처럼 늘 하나님께 "다음은 또 뭐죠, 아빠?"라고 묻는 삶입니다. 하나님의 영이 우리의 영을 만지셔서 우리가 정말 누구인지를 확증해 주십니다. 우리는 하나님이 어떤 분이시고 우리가 누구인지를, 곧 그분은 우리의 아버지이시며 우리는 그분의 자녀라는 것을 알게 됩니다. 뿐만 아니라, 장차 우리에게 주어질 믿을 수 없을 만큼 엄청난 상속에 대해서도 알게 됩니다. 우리는 그리스도께서 경험하시는 것을 그대로 경험합니다. 그러므로 여러분, 지금 우리가 그분과 더불어 힘든 때를 보내고 있다면, 분명 우리는 그분과 더불어 좋은 때도 맞게 될 것입니다!

❀

18-21 그런 이유로, 나는 현재 우리가 겪고 있는 힘든 때와 장차 우리에게 다가올 좋은 때는 서로 비교조차 할 수 없다고

생각합니다. 이 창조세계 전체는 장차 자신에게 다가올 그 무엇을 손꼽아 기다리고 있습니다. 창조세계 안의 모든 것이 얼마 동안 제어를 당하고 있습니다. 창조세계와 또 모든 창조물들이 다 자신들 앞에 놓인 그 영광스러운 때 안으로 동시에 해방되어 들어갈 준비가 될 때까지, 하나님께서 고삐로 그들을 제어하고 계십니다. 그러는 동안 현재는 기쁨 가득한 기대가 점점 깊어 갑니다.

22-25 우리 주변 어디를 둘러봐도 이 창조세계는, 마치 해산을 앞둔 임신부와 같습니다. 세상 전체가 겪고 있는 이 고통은, 한마디로 해산의 고통입니다. 우리 주변 세상만 그런 것이 아닙니다. 우리 내면도 마찬가지입니다! 하나님의 영이 우리 내면을 일깨우셔서, 우리 역시 산고를 느끼고 있습니다. 지금 우리는 이 불모의 몸, 불임의 몸이 완전히 구원받기를 열망하고 있습니다. 기다림이 우리를 작아지게 하지 않는 이유가 바로 여기 있습니다. 임신부의 기다림은 임신부를 작아지게 하지 않기 때문입니다. 우리는 그러한 기다림 중에서 오히려 커져 갑니다. 물론 우리는, 우리를 커지게 하는 그것을 아직 눈으로 볼 수는 없습니다. 그러나 기다림이 길어질수록 우리는 더욱 커져 가며, 우리의 기대 또한 더욱 기쁨으로 충만해집니다.

26-28 기다리다 지치는 순간에, 하나님의 영이 바로 우리 곁에서 우리를 도우십니다. 어떻게 또 무엇을 기도해야 할지 몰라도 괜찮습니다. 그분이 우리 안에서, 우리를 위해, 우리

의 기도를 하십니다. 할 말을 잃어버린 우리의 탄식, 우리의
아픈 신음소리를 기도로 만들어 주시기 때문입니다. 그분은
우리 자신보다 우리를 훨씬 더 잘 아시고 임신부와 같은 우
리 상태를 아셔서, 늘 우리를 하나님 앞에 머물게 하십니다.
그래서 우리는 하나님을 사랑하는 우리 삶 속에 일어나는
모든 일이, 결국에는 선한 것을 이루는 데 쓰인다는 확신을
갖고 살 수 있습니다.

29-30 하나님은 처음부터 자신이 하실 일을 분명히 아셨습니
다. 처음부터 하나님은 그분을 사랑하는 사람들의 삶을 그
분 아들의 삶을 본떠 빚으시려고 결정해 두셨습니다. 그분
의 아들은 그분께서 회복시키신 인류의 맨 앞줄에 서 계십
니다. 그분을 바라볼 때 우리는, 우리 삶이 본래 어떤 모습
이었어야 하는지 깨닫게 됩니다. 하나님은 이처럼 그분의
자녀들이 어떤 모습이어야 하는지를 결정하신 뒤에, 그들의
이름을 불러 주셨습니다. 이름을 부르신 뒤에는, 그들을 그
분 앞에 굳게 세워 주셨습니다. 또한 그들을 그렇게 굳게 세
워 주신 뒤에는 그들과 끝까지 함께하시며, 그분이 시작하
신 일을 영광스럽게 완성시켜 주셨습니다.

31-39 여러분, 어떻습니까? 이처럼 하나님이 우리 편이 되어
주셨는데, 어떻게 우리가 패배할 수 있겠습니까? 아들을 보
내셔서 우리 인간의 처지를 겪안으셔서 최악의 일을 감수하
기까지 하신 하나님, 그 하나님께서 우리를 위해 자신의 전
부를 주저 없이 내놓으셨다면, 그분이 우리를 위해 기꺼이,

아낌없이 하시지 않을 일이 무엇이 있겠습니까? 누가 감히, 하나님께서 택하신 이들을 들먹이며 그분께 시비를 걸 수 있겠습니까? 누가 감히, 그들에게 손가락질할 수 있겠습니까? 우리를 위해 죽으신 분—우리를 위해 다시 살아나신 분!—께서 지금 이 순간에도 하나님 앞에서 우리를 변호하고 계십니다. 그 무엇이, 우리와 우리를 향하신 하나님의 사랑을 갈라놓을 수 있겠습니까? 절대 있을 수 없습니다! 고생도, 난관도, 증오도, 배고픔도, 노숙도, 위협도, 협박도, 심지어 성경에 나오는 최악의 죄들도 마찬가지입니다.

　　당신을 증오하는 자들은 눈 하나 깜박 않고 우리를 죽입니다.
　　그들의 손쉬운 표적인 우리는 하나씩 하나씩 처치됩니다.

그 무엇도 우리를 동요시키지 못합니다. 예수께서 우리를 사랑하시기 때문입니다. 나는 절대적으로 확신합니다. 그 무엇도—산 것이든 죽은 것이든, 천사적인 것이든 악마적인 것이든, 현재 것이든 장래 것이든, 높은 것이든 낮은 것이든, 생각할 수 있는 것이든 생각할 수 없는 것이든— 절대적으로 그 무엇도, 우리를 하나님의 사랑에서 떼어 놓을 수 없습니다. 우리 주 예수께서 우리를 꼭 품어 안고 계시기 때문입니다.

자기 백성을 부르시는 하나님

9

1-5 내게는 늘 지고 다니는 큰 슬픔이 하나 있습니다. 여러분이 그것을 알아주었으면 합니다. 이는 내 마음 깊은 곳에 자리하는 큰 고통이며, 나는 한 번도 거기서 벗어나 본 적이 없습니다. 이는 결코 과장이 아닙니다. 그리스도와 성령께서 나의 증인이십니다. 바로 이스라엘 백성에 관한 이야기입니다……. 내가 메시아께 저주를 받더라도 그들이 그분께 복을 받을 수 있는 길이 있다면, 나는 조금도 주저하지 않고 그렇게 하겠습니다. 그들은 내 동족입니다. 우리는 더불어 자랐습니다. 그들에게는 없는 것이 없었습니다. 동족, 영광, 언약, 계시, 예배, 약속들. 더욱이 그들은 메시아이신 그리스도께서 태어난 민족이기도 합니다. 그리스도는 모든 것을 다스리는 하나님이시며, 영원히 그러하십니다!

6-9 하나님께서 뭔가 일을 제대로 못하신 것이 아니냐는 생각은 잠시라도 품지 마십시오. 문제의 발단은 많이 거슬러 올라갑니다. 혈통에 따른 이스라엘 사람이라고 해서, 처음부터 다 영에 따른 이스라엘 사람인 것은 아니었습니다. 이스라엘 사람이라는 정체성을 부여해 준 것은 아브라함의 정자(精子)가 아니라, 하나님의 약속이었습니다. 어떻게 기록되어 있는지 기억하십니까? "네 가문은 이삭을 통해서만 이어질 것이다"라고 되어 있지 않습니까? 다시 말해, 이스라엘 사람이라는 정체성은 결코 성행위를 통해 전달되고 인종적으로 결정되는 것이 아니라, 하나님의 약속에 의해서 결

정된다는 뜻입니다. 무슨 약속인지 기억하십니까? "내년 이 맘때쯤 내가 다시 올 때에는 사라에게 아들이 있을 것이다" 라는 말씀이었습니다.

10-13 그때만 그랬던 것이 아닙니다. 리브가에게도 약속이 주 어졌는데, 출생의 순서보다 우선하는 약속이었습니다. 리 브가가 우리 모두의 조상인 이삭의 아이를 가졌을 때, 또 그 아이들이 아직 아무것도 모르는—선도 악도 행할 수 없 는—태아였을 때, 이미 그녀는 하나님께게서 특별한 보증 의 말씀을 들었습니다. 이처럼 하나님께서 하신 일들을 살 펴볼 때, 우리가 분명히 알게 되는 것이 있습니다. 그분의 목적은, 우리가 무엇을 하고 안 하고에 달려 있지 않습니다. 그것은 이루어질 수도 있고 안 이루어질 수도 있는 그런 것 이 아니라, 그분의 결정에 의해 결정되고 그분의 주도로 확 정된 확실한 무엇입니다. 하나님은 리브가에게 "너의 쌍둥 이 중에 둘째가 첫째보다 뛰어날 것이다"라고 말씀하셨습니 다. 후에 이 말씀은 "나는 야곱을 사랑했고, 에서는 미워했 다"는 딱딱한 경구 형태로 등장합니다.

14-18 이것을 두고 우리가 하나님은 불공평하시다고 불평할 수 있을까요? 부디, 성급하게 판단하지 마십시오. 하나님은 모세에게 이렇게 말씀하셨습니다. "자비도 내가 베푸는 것 이고, 긍휼도 내가 베푸는 것이다." 다시 말하면, 긍휼은 우 리의 동정 어린 심정이나 도덕적 노력에서 비롯되지 않고 하나님의 자비에서 비롯된다는 말씀입니다. 하나님께서 바

로에게 하신 말씀도 같은 요지의 말씀입니다. "나는 나의 구원 능력이 펼쳐지는 이 드라마에서 너를 단역으로 쓰려고 골랐다." 이 모든 이야기를 한마디로 하면, 결정권은 처음부터 하나님께 있다는 것입니다. 하나님께서 일을 주도하셨고, 우리는 그 일에서 좋은 역할이든 나쁜 역할이든 우리 역할을 할 뿐입니다.

¹⁹ 이렇게 이의를 제기하시렵니까? "모든 것을 다 하나님이 결정하시는 것이라면, 어떻게 하나님이 우리에게 책임을 물을 수 있단 말인가? 큰 결정은 이미 다 내려져 있는데, 대체 우리가 할 수 있는 것이 무엇이란 말인가?"

²⁰⁻³³ 대체 여러분은 누구이기에 이런 식으로 하나님에 대해 이러쿵저러쿵 할 수 있다고 생각하는 것입니까? 사람이 감히 하나님을 문제 삼을 수 있다고 생각합니까? 진흙이 자기를 빚고 있는 손을 향해 "왜 당신은 나를 이런 모양으로 만들고 있습니까?" 하고 묻는 법은 없습니다. 한 진흙덩이로는 꽃을 담는 병을, 또 다른 진흙덩이로는 콩 조리용 항아리를 만들 수 있는 완전한 권리가 토기장이에게 있는 것이 분명하지 않습니까? 하나님께서 당신의 노여움을 보여줄 목적으로 한 모양의 도기를 특별히 고안하시고, 당신의 영광스런 선을 보여줄 목적으로 또 다른 모양의 도기를 정교히 제작하셨다는 것에, 대체 무슨 문제가 있을 수 있겠습니까? 전자나 후자나 또는 두 경우 모두에 유대 민족이 해당될 때가 있었고, 이는 다른 민족들의 경우도 마찬가지입니다. 호

세아가 이를 잘 표현해 줍니다.

> 내가 이름 없는 사람들을 불러 이름 있는 사람들로 만들
> 겠다.
> 내가 사랑받지 못한 사람들을 불러 사랑받는 사람들로 만
> 들겠다.
> 사람들이 "이 하찮은 것들!"이라고 퍼붓던 그곳에서,
> "하나님의 살아 있는 자녀들"이라고 불리게 되리라.

이사야도 이런 사실을 역설합니다.

> 해변의 모래알 하나하나에 다 숫자가 매겨지고
> 그 합한 것에 "하나님이 택하신 사람들"이라는 라벨이 붙
> 더라도
> 그것들은 여전히 숫자에 불과할 뿐, 이름이 아니다.
> 구원은 택하심을 통해 오는 것.
> 하나님은 우리를 수로 세지 않으신다. 그분은 우리를 이
> 름으로 부르신다.
> 산술은 그분의 관심이 아니다.

이사야는 앞날을 정확히 내다보며 이렇게 말했습니다.

> 능하신 우리 하나님께서

우리에게 살아 있는 자녀를 유산으로 남겨 주지 않으셨더
라면,
우리는 유령 마을처럼
소돔과 고모라처럼 되고 말았을 것이다.

이것을 모두 종합해 보면 무슨 말입니까? 하나님께서 하고
계신 일에 관심 없어 보였던 사람들이, 실제로는 하나님이
하고 계신 일, 곧 그들의 삶을 바로 세우시는 하나님의 일을
받아들였습니다. 그러나 하나님께서 하고 계신 일에 대해
읽고 이야기하는 일에 그토록 관심 많아 보였던 이스라엘
은, 결국 그것을 놓치고 말았습니다. 어떻게 그들이 그것을
놓칠 수 있었던 것일까요? 그들이 하나님을 신뢰하는 대신
에, 자기 자신을 앞세웠기 때문입니다. 그들은 자기들이 하
고 있는 일에 푹 빠져 있었습니다. 그들은 자신들의 '하나님
프로젝트'에 너무도 푹 빠져 있어서, 그만 바로 눈앞에 계신
하나님을 주목하지 못했습니다. 길 한복판에 우뚝 솟은 거
대한 바위 같은 그분을 말입니다. 그들은 그분과 부닥쳤고
큰 대자로 쭉 뻗어 버리고 말았습니다. (이번에도!) 이사야가
은유를 통해 이를 잘 표현해 줍니다.

조심하여라! 내가 시온 산으로 가는 길에 큰 돌을 놓아두
었다.
너희가 피해 돌아갈 수 없는 돌을 두었다.

그런데 그 돌은 바로 나다! 그러므로 너희가 나를 찾고 있
다면,
길 가다 내게 걸려 넘어지지 않아야 비로소 나를 만나게
될 것이다.

종교에 빠져 있는 이스라엘

10

1-3 친구 여러분, 참으로 내가 원하는 것은 이스
라엘이 가장 선한 것, 곧 구원을 얻는 것입니다.
나는 온 마음으로 그것을 원하며, 늘 그것을 위해 하나님께
기도드립니다. 나는 하나님에 대한 유대인의 열정이 참 대
단하다는 사실을 기꺼이 인정합니다. 그러나 문제는, 그들
의 모든 일이 본말이 전도되어 있다는 것입니다. 모든 것을
바로 세우는 이 구원의 일은 하나님이 하시는 사업이며, 그
것도 대단히 번창하고 있는 사업이라는 사실을 그들은 깨닫
지 못하고 있습니다. 그래서 그들은 길거리 바로 맞은편에
자신들의 구원 판매점을 차려 놓고서 요란스럽게 자신들의
물건을 팔고 있습니다. 오랜 시간 동안 하나님을 하나님에
걸맞게 대해 드리지 않고 자기들 멋대로 다루어 온 결과, 이
제 그들은 더는 내놓을 것이 없게 되었습니다.

4-10 앞선 계시는, 다만 우리를 준비시키기 위한 것이었습니
다. 자신을 신뢰하는 사람들을 위해 모든 것을 바로 세워 주
시는 메시아를 맞이할 준비입니다. 모세가 기록했듯이, 한
사코 율법 조문을 이용해 하나님 앞에 바로 서겠다는 자들

은, 곧 그렇게 사는—깨알 같은 계약서 조항들에 일일이 얽
매여 사는!—것이 결코 쉽지 않다는 사실을 알게 됩니다.
그러나 우리 안에 바른 삶을 형성시켜 주시는 하나님을 신
뢰하는 것은 전혀 다른 이야기입니다. 여기서는, 메시아를
모셔 오겠다고 위험천만하게 하늘까지 올라갈 일도 없고,
또 메시아를 구출하겠다고 위험천만하게 지옥까지 내려갈
일도 없습니다. 모세가 정확히 뭐라고 말했습니까?

　구원하시는 말씀이 바로 여기 있다.
　너의 입 속 혀처럼 가까이,
　너의 가슴 속 심장처럼 가까이.

이 말씀이란, 우리를 위해 모든 것을 바로 세워 주시며 일하
시는 하나님을 받아들이는 믿음의 말씀을 말합니다. 우리가
전하는 **메시지**의 핵심이 바로 이것입니다. 하나님을 받아들
이며 "예수가 나의 주님이시다"라고 말하십시오. 예수를 죽
은 자들 가운데서 살려 내실 때 하셨던 일을 지금 우리 안
에서도 행하고 계신 하나님의 일을, 마음과 몸을 다해 받아
들이십시오. 그렇습니다. 바로 그것입니다. 이는 여러분이
무엇인가 "해내는" 것이 아닙니다. 여러분은 그저 하나님을
소리내어 부를 뿐입니다. 그분께서 여러분을 위해 일하실
것을 신뢰하면서 말입니다. 이것이 바로 구원입니다. 여러
분은 전 존재를 기울여, 모든 것을 바로 세워 주시는 하나님

을 받아들이며 큰소리로 외칩니다. "하나님께서 그분과 나 사이 모든 것을 바로 세워 주셨다!"

11-13 성경도 우리에게 확신을 심어 줍니다. "마음과 목숨을 다해 하나님을 신뢰하는 사람들은 결코 후회하는 법이 없다." 이는 우리의 종교적 배경과는 아무 상관이 없는 일입니다. 우리 모두에게 동일하신 하나님께서, 소리쳐 도움을 청하는 모든 사람들에게 믿을 수 없을 만큼 동일하게 풍성히 베풀어 주십니다. "'하나님, 도와주세요!' 하고 외치는 사람은 누구나 도움을 얻습니다."

14-17 하지만, 누구를 신뢰해야 하는지 모른다면 어떻게 도움을 청할 수 있겠습니까? 신뢰할 수 있는 그분에 대해 들어보지 못했다면 어떻게 그분을 신뢰할 수 있겠습니까? 말해 주는 사람이 없다면 어떻게 그분에 대해 전해 들을 수 있겠습니까? 또한 보냄을 받은 사람이 없다면 누가 그분에 대해 말해 주는 일을 하겠습니까? 그러므로 성경은 이렇게 외칩니다.

　숨 막히는 저 광경을 보라!
　하나님께서 행하신 온갖 좋은 일을 들려주는 사람들의
　저 장대한 행렬을!

그러나 모든 사람이 다 말씀을 받아들일 준비, 보고 듣고 행동할 준비가 되어 있는 것은 아닙니다. 이사야도 우리 모두가 다 한 번씩은 던질 법한 질문을 던졌습니다. "하나님, 누

가 관심을 보입니까? 이 말씀에 귀 기울이고 믿는 사람이
누가 있습니까?" 중요한 것은 이것입니다. 신뢰할 수 있으
려면 먼저 귀 기울여 들어야 합니다. 그러나 귀 기울여 들을
것이 있으려면 먼저 그리스도의 말씀이 전해져야 합니다.
¹⁸⁻²¹ 그러나 이스라엘의 경우는, 지금 일어나고 있는 일에
대해 듣고 깨달을 수 있는 기회가 충분히, 정말 충분히 있지
않았던가요?

> 전하는 사람들의 목소리가 온 세상에 울려 퍼졌고
> 그들의 메시지가 땅의 칠대양에까지 미쳤다.

그러므로 중요한 질문은 이것입니다. 왜 이스라엘은 이 메
시지에 대한 독점권이 자신에게 없다는 사실을 깨닫지 못했
던 것일까요? 다음과 같이 예언한 모세가 바로 보았습니다.

> 여러분은 하나님께서
> 여러분이 낮추어 보는 사람들—이방인들!—에게 다가가
> 시는 것을 보게 될 것이고,
> 질투심에 미칠 것입니다.
> 여러분은 하나님께서
> 여러분이 종교적으로 하등하다고 여기는 사람들에게 다
> 가가시는 것을 보게 될 것이고,
> 울화가 치밀 것입니다.

이사야는 담대하게 하나님의 말씀을 이렇게 전합니다.

> 나를 찾지도 않던 사람들이
> 나를 만났고 받아들였다.
> 나 또한 나에 대해 묻지도 않았던 사람들을
> 만났고 받아들였다.

그러고는 분명한 고발로 마무리 짓습니다.

> 날이면 날마다
> 나는 두 팔 벌려 이스라엘을 불렀건만,
> 이런 수고에도 내게 돌아온 것은
> 냉대와 차가운 시선뿐이었다.

충성스런 소수

11 ¹⁻² 그렇다면 하나님께서, 이제 이스라엘이라면 넌더리가 나서 그들과 아예 절교하시려 한다는 말입니까? 그렇지 않습니다. 기억하십시오. 지금 이런 이야기를 쓰고 있는 나 역시 이스라엘 사람으로서, 베냐민 지파 출신이며 아브라함의 후손입니다. 이보다 더 확실한 셈족 혈통을 본 적 있습니까? 우리는 절교 이야기를 하려는 것이 아닙니다. 하나님은 쉽게 이스라엘에게서 손을 떼어 버리실 수 없습니다. 그동안 이스라엘과 너무 오랫동안 관계를 맺

어 오셨고, 투자하신 것이 너무 많습니다.

2-6 이런 이스라엘을 두고 엘리야가 몹시 괴로워하며 기도 가운데 외쳤던 것을 기억하십니까?

> 하나님, 그들이 주님의 예언자들을 죽였고
> 주님의 제단을 짓밟았습니다.
> 저만 홀로 남았는데, 이제 그들이 저의 뒤도 쫓고 있습니다!

하나님의 대답이 무엇이었는지 기억하십니까?

> 내게는, 아직 무릎 꿇지 않은 칠천 명이 있다.
> 끝까지 충성을 다하고 있는 칠천 명이 있다.

오늘날도 마찬가지입니다. 지금도 치열한 모습으로 충성을 다하는 소수가 남아 있습니다. 많지 않은 수일 것입니다. 하지만 여러분이 생각하는 것보다는 많은 수일 것입니다. 그들이 그처럼 버티고 있는 것은, 무언가 얻을 것이 있어서가 아닙니다. 그들은 다만 자신을 택해 주신 하나님의 은혜와 목적에 대해 확신하고 있기 때문입니다. 그들이 그저 눈앞의 사욕만을 생각했더라면, 이미 오래전에 포기하고 물러났을 것입니다.

7-10 결국 어떻게 되었습니까? 이스라엘이 자신의 사욕을 도모하며 자기 힘으로 하나님 앞에 서려고 했을 때, 이스라엘

은 성공하지 못했습니다. 하나님께 택함받은 사람들은, 하나님께서 그들을 통해 그분의 뜻을 도모하시도록 했던 사람들이었습니다. 그들은 그분께 정당성을 인정받았습니다. 사욕을 도모한 이스라엘은 하나님을 향해 바위처럼 굳어 버렸습니다. 여기에 대해 모세와 이사야도 이렇게 평했습니다.

> 싸움질 좋아하고 자기중심적인 그들에게 넌더리가 나신 하나님은
> 그들을 눈멀고 귀먹게 하셨고
> 그들로 그들 자신 안에 갇히게 하셨는데,
> 그들은 지금까지도 계속 그렇게 갇혀 있다.

다윗도 그런 사람들에 대해 몹시 불편한 마음을 드러냈습니다.

> 그들이 그렇게 자기 뱃속만 채우며 먹다가 탈이 나 버렸으면,
> 그렇게 자기 잇속만 차리며 가다가 다리가 부러졌으면 좋겠습니다.
> 그들이 그렇게 자기만 쳐다보다가 눈이 멀어 버리기를,
> 그렇게 신(神) 행세를 하다가 궤양에 걸려 버렸으면 좋겠습니다.

이방인의 구원

¹¹⁻¹² 이런 질문이 나올 수 있습니다. '그렇다면 이제 그들은 완전히 끝난 것인가? 영원히 나가 버린 것인가?' 답은 분명합니다. 결코 그렇지 않습니다. 아이러니하게도, 그들이 퇴장하면서 열고 나간 문으로 이방인들이 입장할 수 있게 되었습니다. 그런데 여러분도 아시는 것처럼, 지금 유대인들은 자신들이 무언가 좋은 것을 제 발로 차 버리고 나가 버린 것이 아닌가 하는 의구심을 갖기 시작했습니다. 한번 상상해 보십시오. 그들이 나가 버린 것이 온 세상에 걸쳐 이방인들이 하나님 나라로 몰려오는 일을 촉발시켰다면, 그 유대인들이 다시 돌아올 때는 그 효과가 과연 어떠하겠습니까? 그 귀향이 무엇을 가져올지 상상해 보십시오!

¹³⁻¹⁵ 그러나 그들에 대한 이야기는 여기서 그만하려고 합니다. 지금 나의 관심사는 바로 여러분, 곧 이방인들이기 때문입니다. 나는 이방인이라고 하는 여러분에 대해 특별한 사명을 받은 사람입니다. 나는 이 사실을, 나의 동족인 이스라엘 사람들 가운데 있을 때 최대한 자랑하며 강조하곤 합니다. 나는 그들이 지금 스스로 놓치고 있는 것을 깨닫게 되고, 하나님께서 하고 계신 일에 동참하려는 마음을 품게 되기를 바라기 때문입니다. 그들이 떨어져 나간 일로 인해 이처럼 온 세상에 걸쳐 하나되는 일이 시작되었다면, 그들이 다시 돌아올 때는 더 큰 일이 촉발될 것입니다. 엄청난 귀향이 있을 것입니다! 이렇게 유대인들이 저지른 일이, 그들로

서는 잘못한 일이었지만 여러분에게는 좋은 일이 되었다면, 그들이 그 일을 바로잡을 때는 과연 어떻게 될지 생각해 보십시오!

16-18 이 모든 일의 배후와 바탕에는 어떤 거룩한 뿌리가 자리 잡고 있습니다. 하나님께서 심으시고 기르시고 계신 뿌리입니다. 근본 뿌리가 거룩한 나무에는 거룩한 열매가 맺힐 수밖에 없습니다. 지금 상황은 이러합니다. 그 나무의 가지 중 얼마는 가지치기를 당하고, 대신에 야생 올리브나무 가지인 여러분이 그 나무에 접붙임을 받은 것입니다. 그러나 여러분이 지금 그 비옥하고 거룩한 뿌리로부터 영양을 공급받고 있다고 해서, 여러분이 그 가지치기 당한 가지들 앞에서 우쭐댈 수는 없습니다. 기억하십시오. 여러분이 그 뿌리에 영양을 공급하고 있는 것이 아니라, 그 뿌리가 여러분에게 영양을 공급하고 있는 것입니다.

19-20 이런 말이 나올 법합니다. '다른 가지들이 가지치기를 당한 것은 나를 접붙이기 위한 것이 아닌가?' 그렇습니다. 하지만 기억하십시오. 그들이 그렇게 가지치기 당한 것은, 그들이 믿음과 헌신을 통해 계속해서 그 뿌리에 연결되어 있지 않고 말라죽어 버렸기 때문입니다. 지금 여러분이 그 나무에 붙어 있는 것은, 다만 여러분이 믿음으로 그 나무에 접붙여졌기 때문입니다. 믿음을 길러 주는 그 뿌리에 연결되어 있기 때문입니다. 그러므로 자만해져서 뽐내는 가지가 되지 마십시오. 여러분이 연하고 푸릇푸릇할 수 있는 것은, 오직 그

뿌리 덕이라는 사실을 늘 겸손 가운데 기억하십시오.

21-22 본래의 가지에 주저 없이 가위를 대신 하나님이시라
면, 여러분에게는 어떠하시겠습니까? 그분은 조금도 주저
하지 않으실 것입니다. 하나님은 온화하고 인자하신 분이지
만, 동시에 가차 없고 엄하신 분이기도 하다는 사실을 반드
시 명심하십시오. 그분은 말라죽은 가지에 대해서는 가차
없으시되, 접붙여진 가지에 대해서는 온화하십니다. 그분의
온화하심을 믿고 방자하게 굴 생각은 버리십시오. 여러분이
말라죽은 가지가 되는 순간, 여러분은 가차 없이 내쳐지게
됩니다.

23-24 그러니 여러분은 바닥에 나뒹구는 가지치기 당한 가지
들을 보며 우월감에 젖지 않도록 하십시오. 계속 죽은 가지
로 남기를 고집하지 않는다면, 그들도 얼마든지 다시 접붙
임 받을 수 있습니다. 하나님은 그렇게 하실 수 있습니다.
그분은 기적적인 접붙임을 행하실 수 있는 분입니다. 바깥
야생 나무에서 잘려 나온 가지들인 여러분을 접붙여 내신
그분에게는, 그 나무에 본래 붙어 있던 가지들을 다시 접붙
이는 일은 분명 일도 아닐 것입니다. 다만 여러분은, 지금
여러분이 그 나무에 붙어 있다는 사실을 기뻐하며 다른 사
람들도 다 잘되기를 바라십시오.

완성된 이스라엘

25-29 친구 여러분, 나는 최대한 분명하게 짚고 넘어가려고

합니다. 이 문제는 결코 단순한 문제가 아닙니다. 현재 상황을 잘못 해석해서, 오만하게도 자칫 여러분은 왕족이고 저들은 내쳐진 천민인 것처럼 생각할 수 있습니다. 전혀 그렇지 않습니다. 이스라엘이 현재 하나님에 대해 완고해져 있는 것은 일시적인 현상입니다. 그 효과로, 모든 이방인을 향해 문이 열리게 되었고, 그래서 마침내 집이 꽉 차게 될 것입니다. 그러나 이 일이 다 이루어지기 전에, 먼저 이스라엘이 완성되는 일이 있을 것입니다. 이렇게 기록되어 있듯이 말입니다.

한 투사가 시온 산에서 성큼성큼 내려와서는
야곱의 집을 깨끗이 치울 것이다.
내가 내 백성에게 반드시 하고야 말 일이 이것이다.
그들에게서 내가 죄를 제거할 것이다.

메시지의 복된 소식을 듣고 받아들인 여러분의 입장에서 보면, 유대인들이 마치 하나님의 원수처럼 보일 것입니다. 그러나 하나님의 전체 목적이라는 원대한 시각에서 보면, 그들은 여전히 하나님의 가장 오래된 친구입니다. 하나님의 선물과 하나님의 부르심에는 완전한 보증이 붙어 있습니다. 결코 취소되거나 무효가 될 수 없습니다.

30-32 불과 얼마 전까지만 해도 여러분은 하나님께 바깥 사람이었습니다. 그러나 유대인들이 하나님께 등을 돌렸고, 여

러분에게는 문이 열렸습니다. 이제 그들이 하나님께 바깥 사람이 된 것입니다. 그런데 여러분에게 문이 활짝 열린 것으로 인해, 그들에게도 다시 들어올 수 있는 길이 열렸습니다. 이렇게 혹은 저렇게, 하나님께서는 우리 모두로 하여금 한 번씩 다 바깥에 처해 보는 경험을 하게 하셨습니다. 이것은 그분께서 친히 문을 여시고, 우리를 다시 안으로 받아들이시기 위해서입니다.

33-36 이 비할 데 없는 하나님의 엄청난 관대하심과 깊고 깊은 지혜! 우리는 결코 다 이해하지 못하며, 다 헤아려 알 수도 없습니다.

하나님을 설명할 수 있는 이 누구인가?
그분께 하실 일을 아뢸 수 있을 만큼 똑똑한 이 누구인가?
하나님이 조언을 구하시는 이 누구며
그분께 도움이 된 이 누구인가?

모든 것이 그분에게서 시작하고
그분을 통해 일어나며
그분에게서 마친다.
영원토록 영광! 영원토록 찬양!
오, 참으로 그러하기를!

하나님께 바쳐진 삶

12

1-2 그러므로 나는, 이제 여러분이 이렇게 살기를 바랍니다. 하나님께서 여러분을 도우실 것입니다. 여러분의 매일의 삶, 일상의 삶—자고 먹고 일하고 노는 모든 삶—을 하나님께 헌물로 드리십시오. 하나님께서 여러분을 위해 하시는 일을 받아들이는 것이, 바로 여러분이 그분을 위해 할 수 있는 최선의 일입니다. 문화에 너무 잘 순응하여 아무 생각 없이 동화되어 버리는 일이 없도록 하십시오. 대신에, 여러분은 하나님께 시선을 고정하십시오. 그러면 속에서부터 변화가 일어난 것입니다. 그분께서 여러분에게 바라시는 것을 흔쾌히 인정하고, 조금도 머뭇거리지 말고 거기에 응하십시오. 여러분을 둘러싸고 있는 문화는 늘 여러분을 미숙한 수준으로 끌어 낮추려 하지만, 하나님께서는 언제나 여러분에게서 최선의 것을 이끌어 내시고 여러분 안에 멋진 성숙을 길러 주십니다.

3 하나님께서 주신 것들에 대한 깊은 감사의 마음으로, 여러분에 대해 특별한 사명을 받은 사람으로서 말씀드립니다. 여러분은 순전히 은혜 가운데 살고 있습니다. 여러분이 마치 하나님께 뭔가 좋은 것을 해드리고 있는 것처럼 착각하지 마십시오. 그렇지 않습니다. 실은, 하나님께서 여러분에게 온갖 좋은 것을 가져다주고 계신 것입니다. 우리가 우리 자신을 바르게 알게 되는 것은, 오직 하나님과 또한 그분이 우리를 위해 하고 계신 일에 주목할 때이지, 우리 자신과 또

한 우리가 그분을 위해 하는 일에 주목할 때가 아닙니다.

4-6 우리 각자는 사람 몸의 다양한 부분과 같습니다. 각 부분은 전체 몸에서 의미를 얻습니다. 그 반대는 아닙니다. 지금 우리가 말하는 몸은, 택함받은 사람들로 이루어진 그리스도의 몸을 말합니다. 우리 각자의 의미와 기능은, 우리가 그분 몸의 한 부분으로서 갖는 의미와 기능입니다. 잘려 나간 손가락, 잘려 나간 발가락이라면 무슨 대단한 의미와 기능이 있겠습니까? 우리는 그리스도의 몸 안에서, 빼어난 모양과 탁월한 기능을 부여받은 부분 부분들로 지음받았습니다. 그러므로 우리는 지음받은 본연의 모습대로 살아가야 합니다. 시기심이나 교만한 마음을 품고서 다른 사람들과 자신을 비교해서는 안됩니다. 자기가 아닌 다른 무엇이 되려고 애쓰지 마십시오.

6-8 설교하는 일이라면, 하나님의 **메시지**만을 전하고 그와 상관없는 내용을 전하지 마십시오. 돕는 일이라면, 도와주기만 하지 월권하지 마십시오. 가르치는 일을 한다면, 여러분이 가르치는 바를 고수하십시오. 격려하고 안내하는 일이라면, 으스대지 않도록 조심하십시오. 책임자 위치에 있다면, 멋대로 권력을 휘두르지 마십시오. 곤란에 빠진 사람들을 원조하는 일에 부름받았다면, 늘 눈을 크게 뜨고 잘 살펴 신속하게 움직이도록 하십시오. 불우한 사람들과 더불어 일하는 사람이라면, 그들 때문에 화를 내거나 우울해지지 않도록 하십시오. 늘 얼굴에 미소를 띠고 일하십시오.

❧

⁹⁻¹⁰ 중심으로부터 사랑하십시오. 사랑하는 척하지 마십시오. 악은 필사적으로 피하십시오. 선은 필사적으로 붙드십시오. 깊이 사랑하는 좋은 친구들이 되십시오. 기꺼이 서로를 위한 조연이 되어 주십시오.

¹¹⁻¹³ 지쳐 나가떨어지지 않도록 하십시오. 늘 힘과 열정이 가득한 사람이 되십시오. 언제든 기쁘게 주님을 섬길 준비를 갖춘 종이 되십시오. 힘든 시기에도 주저앉지 마십시오. 그럴수록 더욱 열심히 기도하십시오. 도움이 필요한 그리스도인들을 도우십시오. 정성껏 환대하십시오.

¹⁴⁻¹⁶ 원수에게도 축복해 주십시오. 결코 악담을 퍼붓거나 하지 마십시오. 친구들이 행복해 할 때 함께 기뻐해 주십시오. 그들이 슬퍼할 때 함께 울어 주십시오. 서로 잘 지내십시오. 혼자 잘난 척하지 마십시오. 별 볼 일 없는 이들과도 친구가 되십시오. 대단한 사람인 양 굴지 마십시오.

¹⁷⁻¹⁹ 되받아치려고 하지 마십시오. 대신, 누구에게서나 아름다운 점을 찾으십시오. 할 수 있다면 모든 사람과 더불어 사이좋게 지내십시오. 받은 대로 갚아 주겠다고 고집하지 마십시오. 그것은 여러분이 할 일이 아닙니다. "내가 심판할 것이다, 내가 알아서 할 것이다"라고 하나님께서 말씀하십니다.

²⁰⁻²¹ 우리의 성경은, 원수가 굶주리고 있는 것을 보면 가서

점심을 사 주고 그가 목말라 하면 음료수를 대접하라고 말
하고 있습니다. 여러분이 그런 관대함을 베풀면 원수는 소
스라치게 놀랄 것입니다. 악이 여러분을 이기도록 놔두지
마십시오. 오히려 선을 행함으로써 악을 이겨 내십시오.

그리스도인과 세상 권세

13
¹⁻³ 훌륭한 시민이 되십시오. 모든 정부는 다 하
나님의 주권 아래 있습니다. 평화와 질서가 있다
면 거기에는 하나님의 질서가 있는 것입니다. 그러므로 책
임성 있는 시민으로 사십시오. 만일 여러분이 국가에 대해
무책임하다면 여러분은 하나님과의 관계에 있어 무책임한
것이며, 하나님은 여러분에게 책임을 물으실 것입니다. 정
당하게 세워진 권력 기관이라면 여러분이 정당하지 못한 일
을 하고 있지 않는 한, 무서워할 이유가 없습니다. 건전한
시민이라면 아무것도 두려워할 것이 없습니다.

³⁻⁵ 여러분은 정부와 좋은 관계이기를 원하십니까? 책임 있
게 사는 시민이 되십시오. 그러면 아무 문제가 없을 것입니
다. 정부가 하는 일은 여러분에게 득이 될 것입니다. 그러나
만일 여러분이 법을 사방팔방으로 어기고 다닌다면 조심하
십시오. 경찰은 그저 멋으로 있는 것이 아닙니다. 하나님은
질서를 유지하는 일에 관심이 있으시고, 그분은 그 일에 그
들을 사용하십니다. 이것이 여러분이 책임 있게 살아야 하
는 이유입니다. 단순히 벌을 피하기 위해서가 아니라, 그렇

게 사는 것이 바른 것이기 때문입니다.

6-7 여러분이 세금을 내는 이유도 바로 이것입니다. 질서가 유지되도록 하기 위해서입니다. 시민으로서 여러분의 의무를 다하십시오. 세금을 내고, 청구서를 지불하고, 지도자들을 존중하십시오.

❧

8-10 여러분은 서로에 대해 지고 있는 커다란 사랑의 빚 말고는 더는 빚을 지지 마십시오. 여러분이 사람을 사랑하면, 여러분은 율법의 최종 목적을 완성하는 것입니다. 율법 조문은―다른 사람의 배우자와 동침하지 말라, 사람을 죽이지 말라, 자기 소유가 아닌 것에 대해 욕심을 품지 말라 등과 같은 "하지 말라"는― 결국 모두 합치면 "다른 사람을 자기 자신처럼 사랑하라"는 것입니다. 여러분이 사랑하고 있다면, 여러분은 결코 잘못할 수 없습니다. 율법 조문에 들어 있는 모든 것을 합치면, 그 합은 바로 사랑입니다.

11-14 그날그날 해야 할 일에 너무 열중해 지친 나머지, 그만 지금이 어떤 때인지 잊고 살아서는 안됩니다. 하나님을 망각하고서 꾸벅꾸벅 졸며 살지 않도록 조심하십시오. 이제 밤이 끝나고 새벽이 밝아 오고 있습니다. 일어나서, 하나님이 하고 계신 일에 눈을 뜨십시오! 이제 하나님께서, 우리가 처음 믿었을 때 시작하신 그 구원 사역에 마무리 손질을 하고 계십니다. 우리는 일 분도 시간을 허비할

수 없습니다. 천박하고 방종한 생활을 하면서, 음탕하고
방탕하게 살면서, 말다툼이나 일삼고 눈에 보이는 것이면
무엇이든 탐내면서, 이 소중한 낮 시간을 허비할 수 없습니
다. 잠자리에서 일어나 옷을 차려입으십시오! 꾸물거리
지 마십시오. 그리스도를 옷 입고, 당장 일어나십시오!

서로 사이좋게 지내십시오

14 ¹ 여러분과 생각이 다른 동료 신자들을 두 팔 벌
려 받아들이십시오. 여러분이 동의할 수 없는 말
과 행동을 한다고 해서 그때마다 그들을 질책하지 마십시
오. 주장은 강하나 여러분 보기에 믿음이 약한 사람들의 경
우도 마찬가지입니다. 그들의 살아온 길이 여러분과 다르다
는 사실을 기억하십시오. 그들을 부드럽게 대해 주십시오.
²⁻⁴ 어떤 사람은 뭔가 아는 바가 있어서, 신자는 식탁에 차려
진 것이면 무엇이든 먹을 수 있다는 확신을 갖고 있습니다.
반면에, 또 어떤 사람은 다른 배경을 가졌던 관계로, 신자는
채식만 해야 하는 것은 아닌가 하고 생각할 수도 있습니다.
그러나 두 사람 모두 그리스도의 식탁에 초대받은 손님입니
다. 만일 그들이 상대가 무엇을 먹는지, 혹은 무엇을 먹지
않는지를 두고 서로 비난에 열을 올린다면, 이는 참으로 무
례하기 그지없는 일이지 않겠습니까? 하나님께서 그 두 사
람 모두를 식탁에 초대하셨기 때문입니다. 손님인 여러분에
게, 손님 명단에서 누구를 지워 버리거나 하나님의 환대에

간섭할 권한이 있겠습니까? 바로잡아야 할 것과 익혀야 할 예절 등이 있다면, 하나님이 알아서 하실 것입니다. 여러분의 도움 없이도 말입니다.

5 또 어떤 사람은 특정한 날을 거룩한 날로 구별해야 한다고 생각하고, 어떤 사람은 모든 날이 다 똑같다고 생각할 수 있습니다. 양쪽 모두 나름의 이유가 있습니다. 각자 자유롭게 자기 양심의 신념을 따르면 됩니다.

6-9 중요한 것은 이것입니다. 어떤 날을 거룩한 날로 지킨다면, 하나님을 위해 그렇게 하십시오. 고기를 먹는다면, 하나님의 영광을 위해 그렇게 하고 갈비를 주신 하나님께 감사드리십시오. 채식주의자라면, 하나님의 영광을 위해 채식을 하고 브로콜리를 주신 하나님께 감사드리십시오. 이런 문제에 있어서 자기 마음대로 행동해도 괜찮은 사람은 아무도 없습니다. 우리는 서로에게가 아니라, 하나님께 답변할 책임이 있습니다. 우리는 태어나서 죽을 때까지 우리가 행한 모든 것에 대해, 그분이 물으시면 답변할 책임이 있습니다. 예수께서 사시고, 죽으시고, 다시 살아나신 이유가 바로 이것입니다. 삶과 죽음의 전 영역에 걸쳐 우리의 주인이 되셔서, 서로가 서로에게 행하는 소소한 폭정으로부터 우리를 자유롭게 만드시기 위함이었습니다.

10-12 그러므로, 형제를 비판하는 여러분은 지금 무엇을 하는 것입니까? 자매 앞에서 잘난 척하는 여러분은 지금 무엇을 하는 것입니까? 여러분은 스스로 어리석은 사람, 아니 그보

다 못한 사람이 되고 있을 뿐입니다. 결국 우리 모두는, 다 함께 하나님을 뵐 때에 심판대에 나란히 무릎 꿇게 될 사람들입니다. 여러분이 비판적이고 잘난 척하는 태도를 취한다고 해서, 그 심판대에서 여러분의 자리가 한 치라도 더 높아지는 것은 아닙니다. 성경 말씀을 찾아 직접 읽어 보십시오.

> 하나님이 말씀하신다. "내가 살아 숨 쉬고 있기에
> 결국 모두가 내 앞에 무릎 꿇게 될 것이며,
> 모든 혀가 있는 그대로의 진실을 말하게 될 것이다.
> 내가, 오직 나만이 하나님이라는 진실을!"

그러므로 여러분은 여러분 일에 전념하십시오. 하나님 앞에서 여러분 자신의 삶만으로도 여러분은 이미 할 일이 많습니다.

13-14 남에게 이래라저래라 하던 것을 그만두십시오. 오히려 여러분이 관심 가져야 할 일은 이것입니다. 쓸데없이 다른 사람의 길에 끼어들어서, 어려운 삶을 더 어렵게 만들지는 않는지 살피는 것입니다. 내가 확신하기로—이는 예수께서 주신 확신입니다!—모든 것이 그 자체로는 거룩한 것입니다. 물론 우리가 그것을 대하는 방식, 그것에 대해 하는 말들 때문에 그것을 더럽힐 수는 있습니다.

15-16 만일 여러분이 다른 사람이 먹는 것과 먹지 않는 것을 가지고 큰 화젯거리로 만들어 그들을 혼란에 빠뜨린다면, 여

러분은 지금 그들과 사랑의 교제를 나누는 것이 아닙니다.
그렇지 않습니까? 기억하십시오. 그리스도께서 바로 그들을
위해 죽으셨습니다. 그런데 여러분은, 고작 먹는 문제로 그
들을 지옥에 보내겠다는 말입니까? 하나님이 축복하신 음식
이 영혼을 독살하는 일에 이용되도록 놔두겠다는 말입니까?

17-18 하나님 나라는, 무엇으로 배를 채우느냐 하는 문제가
결코 아닙니다. 하나님 나라는, 하나님께서 여러분의 삶으
로 무엇을 하시느냐 하는 문제입니다. 그분은 여러분의 삶
을 바로 세우시고, 온전케 하시며, 기쁨으로 완성시키십니
다. 여러분이 할 일은 일편단심으로 그리스도를 섬기는 것
입니다. 다만 그 일을 하십시오. 그러면 여러분은 일석이조
의 효과를 얻을 것입니다. 여러분은 여러분 위에 계신 하나
님을 기쁘시게 해드리면서, 여러분 주변 사람들에게도 여러
분의 값어치를 증명해 보일 수 있게 됩니다.

19-21 그러므로 우리는, 서로 사이좋게 지내는 일에 힘을 다
하고 뜻을 모아야 합니다. 격려의 말로 서로 도와주십시오.
흠을 잡아 풀이 죽게 만들지 마십시오. 분명 여러분은 저녁
식탁에 무엇이 올라오고 무엇이 올라오지 않는지 하는 문제
때문에, 여러분 가운데 일하고 계신 하나님의 일이 좌초되
는 것을 바라지 않을 것입니다. 그렇지 않습니까? 나는 전
에도 말한 바 있고 앞으로도 계속 말할 것입니다. 모든 음식
은 다 좋은 것입니다. 하지만 여러분이 그것을 나쁘게 이용
한다면, 다른 사람들을 걸고 넘어뜨리고 때려눕힐 목적으로

이용한다면, 그것은 나쁜 것이 될 수 있습니다. 식사자리에 앉을 때 여러분의 주된 관심은, 여러분의 뱃속을 채우는 것이 아니라 예수의 생명을 나누는 것이어야 합니다. 그러므로 함께 식사하는 다른 사람들을 세심하게 배려하고 예의를 지키십시오. 마음껏 사랑을 나누는 일에 방해되는 것이면, 먹는 것이나 말하는 것이나 그 무엇이든 하지 마십시오.

22-23 각자 자신과 하나님과의 관계를 가꾸어 나가되, 여러분의 방식을 다른 사람들에게 강요하지는 마십시오. 만일 여러분의 행위와 신념이 일치한다면, 여러분은 행복한 사람입니다. 그러나 그렇지 않다면, 여러분이 행하는 바와 여러분이 믿는 바가 일치하지 않다면─어떤 날은 사람들에게 자신의 의견을 강요하다가, 어떤 날은 그저 그들을 기쁘게 해주려고만 한다면─그때는 여러분 스스로도 앞뒤가 맞지 않는다는 것을 잘 알 것입니다. 여러분이 사는 방식과 여러분이 믿는 바가 일치하지 않는 것은 잘못입니다.

15

1-2 우리 가운데 믿음이 강건한 사람들은, 약해서 비틀거리는 사람들을 보면 다가가 손 내밀어 도와야 합니다. 그저 자기 편한 대로만 살아서는 안됩니다. 힘은 섬기라고 있는 것이지, 지위를 즐기라고 있는 것이 아닙니다. 우리는 늘 "어떻게 하면 도움을 줄 수 있을까?" 물으며, 주변 사람들의 유익을 도모할 필요가 있습니다.

3-6 예수께서 하신 일이 바로 이것입니다. 그분은 사람들의
어려움을 외면한 채 자기 편한 길을 가지 않으셨습니다. 그
분은 그들의 어려움 속으로 직접 뛰어드셔서 그들을 건져
주셨습니다. 성경은 이를 "내가 어려움에 처한 사람들의 어
려움을 짊어졌다"는 말로 표현하고 있습니다. 비록 오래전
에 쓰여진 말씀이지만, 여러분은 그 말씀이 다름 아닌 우리
를 위해 쓰여진 말씀임을 확신할 수 있습니다. 하나님은 성
경이 보여주는 하나님의 성품—한결같고 변치 않는 부르심
과 따뜻하고 인격적인 권면—이 또한 우리의 성품이 되기
를 원하십니다. 우리가 늘 그분이 하시는 일에 깨어 있는 사
람이 되기를 바라십니다. 미더우시고 한결같으시며 따뜻하
고 인격적이신 하나님께서 여러분 안에 성숙을 길러 주셔
서, 예수께서 우리 모두와 그러하시듯, 여러분도 서로 사이
좋게 지내기를 바랍니다. 그럴 때 우리는 합창대가 될 것입니
다. 우리 소리뿐 아니라 우리 삶이 다 함께 어우러져서,
우리 주 예수의 하나님이시자 아버지이신 분께 우렁찬 찬송
을 부르게 될 것입니다!

7-13 그러므로 여러분은, 하나님의 영광을 위해 서로를 두 팔
벌려 받아들이십시오. 예수께서 그렇게 하셨습니다. 이제
여러분이 그렇게 할 차례입니다! 하나님의 목적에 늘 충실
하셨던 예수께서, 먼저 유대인들에게 특별히 다가가셔서,
그들의 조상이 받은 옛 약속들을 실현시키셨습니다. 그 결
과로, 이방인들이 자비를 경험하고, 하나님께 감사드릴 수

있게 되었습니다. 우리에게 실현될 성경의 그 모든 말씀을 한번 생각해 보십시오!

그때 나는 이방인들과 더불어 찬송 부르리라.
주님의 이름을 향해 노래하리라!

또한

이방인과 유대인 모두가 함께 즐거워하여라!

또한

모든 나라 사람들아, 하나님을 찬양하여라!
모든 피부색, 모든 인종의 사람들아, 마음껏 찬양을 올려라!

이사야도 말했습니다.

우리 조상 이새의 뿌리가
땅을 뚫고 나와 나무만큼 크게 자란다.
어디서나 누구나 보고 소망을 품을 수 있을 만큼 커다란 나무로 자란다!

아! 생생한 소망을 주신 하나님께서 여러분을 기쁨으로 가득 채우시기를, 평화 가득하게 하시기를, 그리하여 여러분의 믿음의 삶이 생명 주시는 성령의 힘으로 가득해져서, 소망이 차고 넘치기를!

❧

¹⁴⁻¹⁶ 개인적으로 말하면, 나는 여러분과 여러분이 하는 일에 대해 대단히 만족하고 있습니다. 내가 보는 바로는, 여러분은 의욕도 넘치고 훈련도 잘 받았으며 서로에게 안내와 조언을 해주는 일에 있어서도 무척 유능합니다. 그러니 사랑하는 친구 여러분, 다소 거친 내 말을 비판으로 받아들이지는 말아 주십시오. 이는 비판이 아닙니다. 나는 다만, 하나님께서 내게 주신 이 특별한 과제를 수행하는 데 여러분의 도움이 얼마나 절실한지 강조하는 것일 뿐입니다. 하나님의 성령으로 온전해지고 거룩해진 이방인들로 하여금, 하나님께서 받으실 만한 제물이 되도록 그들의 영적 필요를 채우는 것이 나의 제사장적 복음 사역입니다.

¹⁷⁻²¹ 지금까지 된 일과 또 지금껏 지켜본 바를 돌이켜 볼 때, 고백컨대, 내 마음은 무척 흡족합니다. 아니, 예수 안에서 실로 자긍심을 느낀다고 말할 수 있습니다. 물론 오직 예수 안에서 느끼는 자긍심이지만 말입니다. 나는 내가 겪은 사소한 모험담을 이야기하는 데는 관심이 없습니다. 다만, 내 안에 계신 그리스도께서 그 놀랍도록 힘 있고 삶을 변화시

키는 말씀과 역사(役事)를 통해, 어떻게 이방인들로부터 믿음의 응답을 불러일으키셨는지를 전하고 싶을 뿐입니다. 나는 예루살렘에서부터 시작해 멀리 그리스 북서 지방에 이르기까지, 두루 다니며 예수에 대한 **메시지**를 전해 왔습니다. 이는 전적으로 개척의 일이었습니다. 나는 아직 예수를 알거나 예배해 본 적 없는 곳으로만 그 메시지를 들고 갔습니다. 내가 따르려고 한 성경 본문은 이것이었습니다.

> 그분에 대해 들어 보지 못한 사람들
> 그들이 그분을 보게 될 것이다!
> 그분에 대해 들어 본 적 없는 사람들
> 그들이 그 메시지를 받을 것이다!

❧

²²⁻²⁴ 바로 이런 이유로, 내가 마침내 여러분을 방문할 계획을 세우기까지 이렇게 오랜 시간이 걸렸던 것입니다. 그러나 이제는 그런 지역에서 해야 할 개척의 일이 더 이상 없고 또 여러 해에 걸쳐 여러분을 만나 보기를 고대해 왔으므로, 이제 나는 구체적인 방문 계획을 세우고 있습니다. 나는 스페인으로 가는 길인데, 도중에 여러분에게 들러서 즐거운 시간을 갖고, 또 여러분이 베풀어 주는 하나님의 복을 가지고 다시 길에 오르게 되기를 기대하고 있습니다.

²⁵⁻²⁹ 나는 그 전에 먼저 예루살렘으로 가서, 거기서 예수를

따르는 사람들에게 구제 헌금을 전달할 것입니다. 북쪽으로
는 마케도니아로부터 남쪽으로는 아가야에 이르기까지, 모
든 지역의 그리스 사람들이 예루살렘의 가난한 신자들을 돕
기 위해 마음을 모아 헌금했습니다. 그들은 기쁜 마음으로
이 일을 했는데, 이는 그들이 마땅히 해야 하는 일이기도 합
니다. 그동안 예루살렘 공동체로부터 흘러나오는 영적 선물
을 풍성히 얻어 누려 온 것을 생각할 때, 그들이 그 공동체
의 가난을 덜어 주기 위해 힘을 다하는 것은 지극히 당연한
일입니다. 이 일을 마치고 나면—이 "열매 광주리"를 직접
전달하고 나면—나는 곧장 스페인으로 출발할 텐데, 그 길
에 로마에 있는 여러분에게 들를 것입니다. 나의 방문이 그
리스도께서 여러분에게 주시는 넘치는 복 가운데 하나가 되
었으면 좋겠습니다.

30-33 사랑하는 친구 여러분, 한 가지 간청이 있습니다. 나를
위해 기도해 주십시오. 나와 더불어 또 나를 위해, 힘을 다
해—하나님 아버지께, 우리 주 예수의 능력과 성령의 사랑
으로—기도해 주십시오. 유대의 믿지 않는 사람들의 사자
굴에서 내가 건짐받도록 기도해 주십시오. 또한 예루살렘
신자들에게 가져가는 나의 구제 헌금이, 기쁘게 모아졌던
것처럼 또한 기쁘게 받아들여지도록 기도해 주십시오. 하나
님의 뜻이라면, 나는 가볍고 기꺼운 마음으로 여러분을 찾
아가 만나 볼 수 있을 것입니다. 여러분과의 사귐을 통해 새
로운 힘을 얻게 되기를 고대합니다. 하나님의 평화가 여러

분 모두와 함께하기를 바랍니다. 아멘!

16

¹⁻² 우리 친구 뵈뵈를 주님 안에서 맞아 주십시오. 우리 그리스도인들이 잘하기로 유명한 그 넉넉한 환대로 그녀를 맞아 주십시오. 나는 그녀와 그녀가 하는 일을 진심으로 지지합니다. 그녀는 겐그레아에 있는 교회의 핵심 대표자들 가운데 한 사람입니다. 그녀가 무엇을 요청하든지 그녀를 잘 도와주십시오. 그녀는 여러분이 해줄 수 있는 최선의 것을 받을 자격이 충분합니다. 그녀는 지금 껏 나를 포함해서 여러 사람들을 도왔습니다.

³⁻⁵ 예수를 섬기는 일에 나와 손잡고 일해 온 브리스길라와 아굴라에게 안부를 전해 주십시오. 그들은 전에 나를 위해서 자신의 목숨까지 내걸었던 사람들입니다. 그들에게 감사하는 사람은 나뿐만이 아닙니다. 그들의 집에서 모이는 교회는 말할 것도 없고, 모든 이방인 신자들 모임도 그들에게 큰 신세를 졌습니다.

나의 사랑하는 친구 에배네도에게 안부를 전해 주십시오. 그는 아시아에서 처음으로 예수를 따르게 된 사람입니다.

⁶ 마리아에게 안부를 전해 주십시오. 그녀는 정말 대단한 일 꾼입니다!

⁷ 나의 친척인 안드로니고와 유니아에게 안부를 전해 주십시오. 우리는 전에 함께 감옥에 갇힌 적이 있습니다. 그들은

나보다 먼저 예수를 믿어 믿는 이가 된 사람들입니다. 두 사람 모두 탁월한 지도자입니다.

8 하나님 안에서 한가족이며 나의 좋은 친구인 암블리아에게 안부를 전해 주십시오.

9 그리스도의 일에 있어 나의 동료인 우르바노에게, 그리고 나의 친구 스다구에게 안부를 전해 주십시오.

10 그리스도를 따르는 일에 있어 믿음직한 역전의 용사인 아벨레에게 안부를 전해 주십시오.

아리스도불로 가족에게 안부를 전해 주십시오.

11 나의 친척 헤로디온에게 안부를 전해 주십시오.

나깃수 가족으로서 주님께 속해 있는 사람들에게 안부를 전해 주십시오.

12 드루배나와 드루보사에게 안부를 전해 주십시오. 그들은 주님을 섬기는 일에 참으로 근면한 여성들입니다.

그리스도 안에서 사랑하는 친구이자 열심 있는 일꾼인 버시에게 안부를 전해 주십시오.

13 루포와 그의 어머니에게 안부를 전해 주십시오. 그는 주님의 탁월한 일꾼입니다! 그의 어머니는 곧 내게도 어머니이십니다.

14 아순그리도와 블레곤과 허메와 바드로바와 허마에게, 또 그들의 가족 모두에게 안부를 전해 주십시오.

15 빌롤로고와 율리아와 네레오와 그의 자매와 올름바에게, 또 그들과 함께 살며 예수를 따르는 모든 사람들에게 안부

를 전해 주십시오.

¹⁶ 거룩한 포옹으로 서로 인사하십시오! 그리스도의 모든 교회가 따뜻한 인사를 건넵니다!

¹⁷⁻¹⁸ 친구 여러분, 마지막으로 조언합니다. 여러분이 배운 가르침 중에서 몇몇 조각과 단편들을 취해서, 그것들을 이용해 문제를 일으키는 자들을 늘 예리한 눈으로 살피십시오. 그런 사람들과는 거리를 두십시오. 그들은 우리 주님이신 그리스도를 위해 살 뜻 없는 자들입니다. 그들은 다만 무언가를 얻어 낼 목적으로 이 일에 들어온 것이며, 경건하고 달콤한 말로 순진한 사람들을 속여 먹는 자들입니다.

¹⁹⁻²⁰ 이런 문제에 여러분이 정직하다는 사실에 대해서는 의심의 여지가 없지만—내가 얼마나 여러분을 자랑스러워하는지요!—나는 또한 여러분이 똑똑해져서, "좋은" 것이라도 그것이 정말로 좋은 것인지 분별해 낼 수 있기를 바랍니다. 달콤한 말을 들려주는 악에 대해서는 순진한 사람이 되지 마십시오. 늘 깨어 있으십시오. 그러면 어느새 평화의 하나님께서 두 발로 사탄을 땅바닥에 짓이겨 주실 것입니다! 늘 예수께서 주시는 최고의 것을 누리십시오!

²¹ 우리 쪽에서 건네는 인사가 더 남았습니다. 나의 동역자 디모데와 나의 친척 루기오와 야손과 소시바더가 여러분에게 안부를 전합니다.

²² 지금 바울의 이 편지를 받아쓰고 있는 나 더디오도 여러분에게 인사드립니다.

²³ 이곳에서 나와 온 교회를 접대하고 있는 가이오도 여러분에게 안부를 전합니다.

도시 재무관인 에라스도와 우리의 좋은 친구 구아도도 안부를 전합니다.

²⁵⁻²⁶ 예수 그리스도 안에서 전파된 것처럼, 지금 여러분을 굳세게 세워 주고 계신 하나님께 우리의 모든 찬양을 드립니다. 이는, 오랫동안 비밀이었으나 이제 성경의 예언 말씀을 통해 마침내 밝히 드러난 비밀입니다. 이제 세상 모든 나라가 진리를 알고 순종과 믿음 속으로 인도되어 하나님의 명령을 따라 살 수 있게 되었습니다. 이 모든 것은 처음부터 끝까지 모두 하나님이 주도하신 일입니다.

²⁷ 비할 데 없이 지혜로우신 하나님께만 예수를 통해 우리의 모든 찬양을 올려 드립니다! 아멘!